KARL NEEF

HÄDECKE

BACKEN
PIKANT & WÜRZIG

Apéritifgebäck

herzhafte Kuchen

Gemüsetorten · Brote

Konditorrezepte zum Selbermachen

Unser Umschlagbild zeigt die »Salattorte«, Rezept auf Seite 97.

ISBN 3-7750-0204-9
Fotos: Foto Design Bruno Hausch, 8000 München.

Printed in Germany.
Satz: Fotosatz Schmid GmbH, 7252 Weil der Stadt.
Druck: Ernst Uhl GmbH + Co., Radolfzell, 1990.

Über den Autor

Karl Neef ist am 28. Oktober 1943 in Nürnberg geboren. Mit 14 Jahren fängt er eine Konditorenlehre an. Nach zweijähriger Gehilfenzeit beginnt er einen mehrjährigen Studienaufenthalt im Ausland. Stationen sind u. a. die Schweiz, Amsterdam und schließlich mit der »Nieuw Amsterdam« der Holland-Amerika-Linie die USA, Karibik und Südamerika. 1966 absolviert er in Nürnberg die Konditormeisterprüfung.
Im gleichen Jahr heiratet er seine ebenfalls aus einer alteingesessenen Konditorenfamilie stammende Frau Ingrid, die ihn heute als gelernte Konditorin in der eigenen Confiserie in Nürnberg unterstützt.
Heute gilt Karl Neef als einer der ideenreichsten und kreativsten Konditoren in Deutschland, das Gourmet-Magazin VIF nennt ihn den besten Lebkuchenbäcker in unserem Lande, und der »stern« bezeichnet ihn als »Star unter den Lebküchnern«.
Seine Eigenschöpfungen werden laufend in der internationalen Presse vorgestellt, das Fernsehen hat bereits mehrmals aus der Neef'schen Backstube Sendungen übertragen.
»Das Nürnberger Weihnachtsbackbuch«, seine erste Buchveröffentlichung, wurde in der Fachwelt stark beachtet und ist in vielen Haushalten zum unentbehrlichen Nachschlagwerk geworden, wenn es um Klein- und Feingebäck geht. Mit seinem zweiten Werk »52 Sonntagskuchen« wendet sich Karl Neef an Hausfrauen und Hobbykonditoren, die rund um's Jahr nach neuen und bewährten Backideen suchen, und er bricht eine Lanze für die sonntägliche Familien-Kaffeetafel.
Sein jetzt vorliegendes drittes Buch kommt mit neuen Backideen dem Trend nach herzhaften Happen bei großen und kleinen Einladungen entgegen.

Inhaltsverzeichnis

Vorwort

Wer sagt, daß Kuchen süß sein müssen? Für ein geselliges Beisammensein mit Freunden, für ein fröhliches Fest sind herzhafte Kuchen und pikantes Kleingebäck genau das Richtige! Eine unkomplizierte und lockere Einladung, manchmal ganz spontan ausgesprochen, beschert oft die schönsten Abende. Und ebenso unkompliziert und locker sollen die Rezepte sein, mit denen Sie für das leibliche Wohl Ihrer Gäste sorgen.

Sie, liebe Leserin und lieber Leser, sollen sich trotz Küchenarbeit ohne Hetze auf Ihre Gäste freuen können. Darauf sind die Rezepte meines Buches abgestimmt. Vieles kann schon am Vortag vorbereitet und dann mit wenigen Handgriffen in den Backofen und auf den Tisch gebracht werden.

Alle Rezepte wurden mehrfach getestet, und zwar nicht nur in meiner Profi-Backstube, sondern vor allem in ganz normalen Haushaltsküchen und -herden.

Die Rezept-Einteilung des Buches orientiert sich an der Praxis, d. h. ich möchte Sie in die Lage versetzen, mit möglichst wenig Zeitaufwand, möglichst viele verschiedene Gebäckstücke herzustellen: Sie entscheiden sich für einen bestimmten Teig und finden im Anschluß daran sofort die Folgerezepte, um durch kleine Veränderungen ganz verschiedene Gebäcksorten herzustellen. Blätterteig wird beispielsweise unterschiedlich gefüllt oder mit Körnern oder Kernen angereichert. Dasselbe gilt für Brötchenteig, Strudel oder Gemüsekuchen und Wähen.

Bei letzteren können Sie ohne weiteres die Gemüsesorten austauschen oder andere Geschmacksveränderungen, z. B. mit Gewürzen oder Käse vornehmen. Achten Sie lediglich darauf, daß die Mengenverhältnisse stimmen und daß manche harten Gemüsesorten, z. B. Sellerie, zuvor blanchiert werden müssen.

Gerade am Anfang ist es wichtig, die kurzen Kapiteleinleitungen und die Grundrezepte (ab Seite 102) genau zu lesen und zu befolgen. Wer geübt ist, kann dann problemlos variieren und experimentieren. Je phantasievoller desto besser! Es ist der Sinn dieses Buches, Sie zu Eigenschöpfungen anzuregen.

Einige Anmerkungen zu den Zutaten:

Kaufen Sie bitte nur Erstklassiges und Frisches. Sie werden mir recht geben, daß der Trend heute zum genußvollen Essen und nicht zum Vollstopfen geht. Nicht viel, dafür aber das Beste ist für Sie und Ihre Gäste gerade gut genug!

Frische Butter liegt mir besonders am Herzen. Sie ist durch nichts zu ersetzen und verleiht jedem Gebäck einen unvergleichlich guten Geschmack.

Es ist einfach, Blätterteig tiefgefroren zu kaufen. Entgegen einer landläufigen Meinung ist es aber auch einfach, Blätterteig selbst herzustellen. Versuchen Sie es bitte einmal — der Geschmack wird Sie für den Zeitaufwand belohnen.

Mit Kernen und Körnern können Sie Gerichte verändern, fast möchte ich sagen, verzaubern. Schon mancher Skeptiker wurde vom Wohlgeschmack eines Vollkorngebäcks überrascht. Und ganz nebenbei kam er in den Genuß einiger Extravitamine und Mineralstoffe, die für den Stoffwechsel, Haut und Haar, Hirn und Nerven und wer weiß, was sonst noch alles, gut sind. Kluge Autoren haben damit ganze Bücher gefüllt, und in diesem Verlag sind etliche davon erschienen. Mir ist in diesem Buch und für Sie wichtig, daß alles wohldosiert, im rechten Maß zum Einsatz kommt. Das gilt für Schrot und Korn genauso wie übrigens für Knoblauch. Bestimmte Gebäcksorten gelingen nur mit Weißmehl gut. Und dann soll man es bitte auch verwenden.

Maße, Mengen und Zeiten:

Da, wo es mir wichtig erscheint, habe ich bei den Rezepten Stück- oder Portionszahlen angegeben. Viele Rezepte eignen sich als Hauptgericht, aber auch als Vorspeise oder Bestandteil einer Brunch-Einladung. Dann reicht z. B. ein Kuchen für 18, 20 oder 24 Portionen.

Die angegebenen Backzeiten und -temperaturen können nur Richtwerte sein. Jedes Backofenmodell bäckt etwas anders. Da hilft nur Ausprobieren unter Berücksichtigung der Herstellerangaben. Bei den Zeitangaben haben wir genügend Platz gelassen, daß Sie auch Änderungen und eigene Werte eintragen können.

Mit dem Heißluftherd (Umluftofen) hatte ich teilweise gute, teilweise aber auch unbefriedigende Ergebnisse: Blätterteig wurde z. B. nicht so luftig, vielblättrig und knusprig, wie ich ihn gerne gehabt hätte. Auch Brötchen wurden mir nicht kross genug. Bei den einzelnen Kapiteln habe ich darauf hingewiesen — aber möglicherweise haben Sie mit anderen Modellen viel bessere Erfahrungen gemacht.

Etliche Kuchen und Gebäcke müssen heiß oder lauwarm serviert werden. Diese schieben Sie kurz vor dem Servieren nochmals in den heißen Backofen. Nach wenigen Minuten hat alles die gewünschte Temperatur.

Strudel und Wähen können auch in der Mikrowelle erhitzt werden. Und Apéritifgebäck, Brote und Brötchen bekommen den letzten Pfiff, wenn Sie kurz unter der Mikrowelle erwärmt werden, wenn die Gäste in die Wohnung kommen — aber bitte wirklich nur ganz kurz!

Wenn Sie meiner Anregung folgen und aus einem Teig mehrere Varianten produzieren, reicht ein Backblech nicht aus. Sie benötigen zwei oder drei. Während das erste bäckt, stellen Sie einfach die anderen in einen kühlen Raum.

Vielen Helfern habe ich zu danken:

Allen Hausfrauen mit unterschiedlichen Backerfahrungen und meinen Konditoren, die mir beim Ausprobieren halfen und nützliche Hinweise für die Rezepte gaben.

Ganz herzlich danke ich meiner Frau Ingrid, die mir mit Rat und Tat zur Seite stand und unter deren Leitung viele gelungene Backversuche unternommen wurden.

Bruno Hausch sei gedankt, dem es wieder einmal meisterhaft gelungen ist, meine Rezepte mit seinen Fotos ins rechte Licht zu rücken.

Mein Ziel war und ist es, Ihnen neue Anregungen und Tips aus meiner Erfahrung als Konditormeister zu vermitteln und Ihnen Appetit auf eigene Experimente und neue Gebäck-Kreationen zu machen. Ich wünsche Ihnen viel Freude beim Backen und jede Menge Ahs und Ohs beim Genuß im Freundeskreis!

Ihr

Karl Neef — Nürnberg, im Sommer 1990

Mengen, Maße und Gewichte

Mehl:

Weizenmehl Type 405 oder 550
Roggenmehl Type 997

1 gestrichener Eßlöffel = ca. 10 g
1 gehäufter Eßlöffel = ca. 15 g

Eier:

Für die Rezepte wurden Eier der Gewichtsklasse 4 verwendet.

Hefe:

1 Würfel Frischhefe = 42 g

Abkürzungen:

g = Gramm
kg = Kilogramm
l = Liter
ml = Milliliter
1 Becher Schlagsahne = 0,2 l = 200 g

Für das genaue Abmessen der Zutaten ist ein Meßbecher oder eine Küchenwaage zu empfehlen.

Blätterteig

Vielblätterig, köstlich und zart — anders kann man ihn nicht beschreiben, frische Butter ist dafür die Voraussetzung.
Der Arbeitsaufwand, den Blätterteig selbst herzustellen, ist nicht so groß wie es scheint. Das Rezept und den Arbeitsablauf sollte man genau einhalten, dies ist im Grundrezept Seite 102 beschrieben.

Alle Rezepte sind von der Teigmenge her auf das Grundrezept von 250 Gramm Mehl abgestimmt.

Die folgenden Rezepte beginnen mit einem ganz einfachen aber köstlichen Apéritif-Gebäck.

Blätterteig harmoniert mit Fisch, Fleisch, bis hin zum Spargel; er paßt sich durch seinen neutralen, jedoch zarten Buttergeschmack perfekt an. Für die Spargelstangen wurde ein Teil der Butter durch Kräuterbutter ausgetauscht. Das Rezept ist auf dieser Seite extra beschrieben.
Wird der Teig einmal versehentlich etwas zu groß ausgerollt und es gibt Abschnitte, ist dies kein Problem. Man rollt die Reste in Zucker aus, legt sie ein paarmal zusammen, schneidet Streifen daraus und bäckt diese goldgelb.

Gebackener Blätterteig läßt sich einfrieren. Bei Bedarf wird er aufgetaut und kurz in den heißen Ofen geschoben. Blätterteig wird in der Regel schön goldgelb ausgebacken.

Alle Versuche, Blätterteig im Umluftherd zu backen, haben zu schlechten Backergebnissen geführt, deshalb kann ich es nicht empfehlen.

Einfaches Käsegebäck

Zutaten
620 g Blätterteig

Zum Bestreuen:
geriebener Käse
Mohn, Sesam, Kümmel, Leinsamen

Zum Bestreichen:
1 Ei

Ausstecher
Größe ca. 4—5 cm Durchmesser

Ergibt 60—70 Stück

Zubereitung

Den fertig eingerollten und gut gekühlten Blätterteig ca. 2 1/2 mm dünn ausrollen. Wichtig ist, den Teig nach allen Seiten hin auszurollen, um eine Verformung der kleinen Gebäckstücke zu vermeiden.
Mit beliebigen Ausstechern wie Herz, Kringel, Halbmond, Raute usw. ausstechen.
Die Teigreste zusammenlegen und wieder ausrollen und ausstechen. Das Gebäck auf ein Backblech legen, mit einem verquirlten Ei bestreichen.
Dünn mit geriebenem Käse, Mohn, Sesam, Kümmel oder Leinsamen bestreuen. Nach einer Ruhezeit von ca. 15 Minuten in den vorgeheizten Ofen schieben und goldgelb backen.

Backzeit:

Elektro:	180 °C	ca. 9 Minuten
Gas:	2—3	ca. 9 Minuten

◁ Einfaches Käsegebäck in unterschiedlichen Formen, bestreut mit Mohn, Kümmel, Sesam u. a., Rezept siehe »Käsemürbteig«, Seite 44

Schinkenhörnchen

Zutaten

620 g Blätterteig, s. Grundrezept Seite 102
1 kleine Zwiebel
150 g gekochter Schinken
2 Messerspitzen Senf
2 Messerspitzen Meerrettich
Pfeffer aus der Mühle

Zum Bestreichen:

verquirltes Ei

Ergibt 19 Stück

Zubereitung

Die fein geschnittene Zwiebel leicht andünsten, den gekochten Schinken in kleine Streifen schneiden. Alles zusammen kräftig anbraten. Mit Senf, Meerrettich und Pfeffer abschmecken, kühl stellen.
Den gekühlten Blätterteig zu einer Größe von 63 cm Länge und 12 cm Breite ausrollen.
An der Oberkante alle 7 cm leicht einritzen, an der Unterkante zuerst bei 3 1/2 cm, dann fortlaufend alle 7 cm einritzen.
Von der oberen zur unteren Kante schneiden. So entstehen nebeneinander liegend 18 gleichmäßige Dreiecke.
Die beiden kleinen Teile rechts und links mit etwas Wasser zum 19. Dreieck zusammendrücken.
Die Schinkenmasse auf die Mitte der Dreiecke verteilen.
Das Teigdreieck von der Breitseite her zu einem Hörnchen rollen.
10 Minuten auf dem Backblech ruhen lassen, mit einem verquirlten Ei dünn bestreichen und in den vorgeheizten Ofen schieben. Goldgelb backen.

Backzeit:

Elektro:	180 °C	ca. 13 Minuten
Gas:	2—3	ca. 13 Minuten

Bratwurst im Schlafrock

Zutaten

620 g Blätterteig, s. Grundrezept Seite 102
8 Schweinsbratwürste
1 Ei zum Bestreichen

Ergibt 8 Stück

Zubereitung

Die Schweinsbratwürste kurz aber kräftig anbraten. Den fertig eingerollten und gekühlten Blätterteig 64 x 26 cm ausrollen. 8 Rechtecke von je 16 x 13 cm schneiden.
Auf das untere Teil des Rechteckes eine Bratwurst legen, den Teig darüberklappen und etwas andrücken. Auf das Backblech legen, 10 Minuten ruhen lassen.
Mit einem verquirlten Ei bestreichen. In den heißen Ofen schieben und goldgelb backen.

Backzeit:

Elektro:	180 °C	ca. 16 Minuten
Gas:	2—3	ca. 16 Minuten

Spargelstangen in Kräuterbutter-Blätterteig, Seite 16 ▷

Spargelstangen in Kräuterbutter-Blätterteig

Zutaten

250 g Mehl
7 g Salz
1/8 l Wasser

Zum Einrollen:

125 g Butter
125 g Kräuterbutter
28 Stangen Spargel, grün und weiß

Zum Bestreichen:

1 Ei

Ergibt 14 Stück

Zubereitung

Den Blätterteig einen Tag vorher herstellen. Durch die Kräuterbutter ist der Teig etwas empfindlich und muß über Nacht gekühlt werden.
Die Kräuterbutter (fertig gekauft) mit der normalen Butter und ganz wenig Mehl gut durcharbeiten und kühlstellen.
In der herkömmlichen Arbeitsweise ausrollen, Butter einschlagen und zusammenlegen, wie beim normalen Blätterteig, s. Grundrezept Seite 102.
Die Spargelstangen wie gewohnt schälen und ganz kurz in Salzwasser blanchieren; sie sollen einen kräftigen Biß behalten. Auf eine Länge von 12 cm kürzen.
Den Blätterteig 30 x 50 cm ausrollen, der Länge nach durchschneiden. So entstehen zwei Teile von je 15 x 50 cm. 7 cm breite Streifen abschneiden, daß 14 Teile 15 x 7 cm entstehen. Den Teig mit Wasser bestreichen und je 2 Spargelstangen auflegen und zusammenklappen. An der offenen Seite etwas zusammendrücken und auf das Backblech legen. Den restlichen Teig dünn ausrollen und als Garnitur ausstechen oder als Schleifchen verwenden.
Mit einem verquirlten Ei bestreichen und in den vorgeheizten Backofen schieben. Goldgelb backen und heiß servieren.

Backzeit:

Elektro:	180° C	ca. 25 Minuten
Gas:	2—3	ca. 25 Minuten

Käsestangen

Zutaten

620 g Blätterteig, s. Grundrezept, Seite 102
100 g geriebener Emmentaler
Salz und Pfeffer aus der Mühle

Ergibt 20 Stück

Zubereitung

Geriebenen Emmentaler mit Salz und Pfeffer vermischen.
Den gekühlten Blätterteig 20 x 50 cm ausrollen. Während des Ausrollens den Teig mehrere Male drehen und gut mehlen. Die Teigoberfläche dünn mit Wasser bestreichen und den Käse darüber streuen. Streifen von 20 x 2 1/2 cm schneiden, auf ein mit Trennpapier belegtes Blech legen und etwa 10 Minuten ruhen lassen. In den vorgeheizten Ofen schieben und goldgelb backen.

Backzeit:

Elektro:	180° C	ca. 12 Minuten
Gas:	2—3	ca. 12 Minuten

Königin-Pasteten

Zutaten
620 g Blätterteig, s. Grundrezept, Seite 102

Ergibt 10 Stück

Als Füllung kann Ragout fin verwendet werden.

Zubereitung

1/3 des gekühlten Blätterteiges 15 x 38 cm ausrollen. Mit einem Ausstecher von 7 cm ∅ 10 Böden ausstechen und auf ein Backblech legen. Den restlichen Teig in der Mitte aufklappen und die Abschnitte des Bodens einlegen, zusammenlegen und wiederum 15 x 38 cm groß ausrollen. 10 Oberteile ausstechen und auf die Arbeitsplatte legen. Mit einem Ausstecher von 4 cm ∅ diese in der Mitte ausstechen, damit Ringe entstehen. Die Unterteile mit Wasser bestreichen und die Ringe auflegen.
Aus Backtrennpapier Streifen schneiden (15 cm lang und 8 cm breit). Zu einer Rolle formen, mit Teig etwas zusammenkleben und in die Öffnung stellen. Dadurch werden die Pasteten beim Backen gleichmäßig hoch und fallen nicht um. In den vorgeheizten Backofen schieben und backen. Den übrigen Teig dünn ausrollen, mit einem runden Ausstecher ca. 7 cm ∅, 10 Deckel ausstechen. Aus dem restlichen Teig kleine Herzchen ausstechen und später als Garnitur auf dem Teller verwenden. Auch diese goldgelb backen.

Backzeit:

Elektro:	180° C	ca. 15 Minuten
Gas:	2—3	ca. 15 Minuten

Käseohren

Zutaten
620 g Blätterteig, s. Grundrezept, Seite 102
150 g geriebener Käse
10 g Salz
etwas Pfeffer
1/2 Teelöffel Kümmel

Ergibt ca. 20 bis 25 Stück

Zubereitung

Den geriebenen Käse mit Salz und Pfeffer mischen. Den fertig eingerollten und gekühlten Blätterteig darauf 30 x 20 cm ausrollen, etwas Käse bleibt übrig, er wird darüber gestreut.
Die rechte und die linke Seite zur Mitte klappen und nochmals übereinanderlegen. 10 Minuten abgedeckt im Kühlschrank ruhen lassen.
Den Teig 25 x 25 cm ausrollen und den Kümmel darüberstreuen.
Die obere und untere Seite zur Mitte klappen und nochmals übereinanderlegen.
Mit einem Messer 1 cm breite Streifen abschneiden und mit der Schnittfläche auf das Blech legen. Zu beachten ist, daß der seitliche Abstand groß ist, da die Ohren stark zur Seite treiben. Deshalb zwei Backbleche verwenden.
In den heißen Backofen schieben. Nach ca. der halben Backzeit aus dem Ofen nehmen und die Käseohren mit einem breiten Messer drehen. Fertigbacken bis die Oberfläche goldgelb ist.

Backzeit:

Elektro:	180° C	ca. 14 Minuten
Gas:	2—3	ca. 14 Minuten

Kalbsfilet in Blätterteig, Seite 20 ▷

Kalbsfilet in Blätterteig

Zutaten

500 g Kalbsfilet
Salz, Pfeffer aus der Mühle
75 g Mangoldblätter, nur das Grüne

Kalbsfarce: 225 g Kalbfleisch
225 ml Sahne
Salz, Pfeffer aus der Mühle

620 g Blätterteig, s. Grundrezept Seite 102

Zum Bestreichen:
1 Ei

Für 6 Personen

Zubereitung

Das Kalbsfilet würzen und nur ganz kurz anbraten, so daß die Poren geschlossen sind. Mangoldblätter in Salzwasser blanchieren und den Strunk herausschneiden. Auf ein Handtuch zum Abtropfen legen.
Kalbsfarce herstellen: Eisgekühltes, leicht angefrorenes, klein geschnittenes Kalbfleisch mit eisgekühlter Sahne im Blitzhacker der Küchenmaschine zu einer Farce verarbeiten. Mit Salz und Pfeffer abschmecken.
Diese Farce kann auch fertig beim Metzger unter der Bezeichnung Kalbsbrät gekauft werden. In den meisten Fällen ist eine Vorbestellung notwendig.
Den gekühlten Blätterteig 45 x 25 cm ausrollen. Die Kalbsfarce auf den Teig ca. 38 x 18 cm groß aufstreichen. Die Mangoldblätter um das Filet wickeln, dieses auf die Farce legen und mit dem Blätterteig zusammenrollen. Einige Abschnitte Blätterteig bleiben übrig. Diese dünn ausrollen und verschieden ausstechen. Blumen oder viele verschieden große Herzen als Garnitur auflegen.
Mit einem verquirlten Ei bestreichen und bei exakter Backtemperatur genau nach der Zeit backen.

Backzeit:

Elektro:	210 °C	ca. 25 Minuten
Gas:	2—3	ca. 25 Minuten

Lachs in Blätterteig

Zutaten

Fischfarce: 200 g Lotte oder Zander (Filet)
0,2 l flüssige Sahne
Salz, Zitronensaft

500 g Lachs
Salz und Koriander
600 g Blattspinat (kurz blanchiert)

620 g Blätterteig, s. Grundrezept Seite 102

Zum Bestreichen:
1 Ei

Für 4—6 Personen

Zubereitung

Zuerst die Fischfarce herstellen: Fischfilet von der Lotte oder Zander eisgekühlt mit eisgekühlter Sahne im Blitzhacker der Küchenmaschine zu einer Farce verarbeiten, mit Salz und Zitronensaft abschmecken.
Frischen Lachs — ein Streifen Filet aus der Seite — mit Salz und Koriander aus der Mühle würzen, mit Spinat umwickeln (möglichst große Blätter verwenden und falls erforderlich, kurz blanchieren, damit die Blätter sich gut legen lassen). Den Blätterteig ca. 45 x 20 cm ausrollen. Die Farce 35 x 15 cm daraufstreichen. Das Fischfilet auflegen und mit dem Blätterteig zusammenrollen.
Besonders hübsch sieht der Lachs in der Fischform aus. Den Teig dazu etwas größer ausrollen und der Länge nach durchschneiden. Die Hälfte der Farce etwas kleiner als den Teig aufstreichen. Das Filet auflegen und die restliche Farce auf den Fisch streichen. Das zweite Teigteil darüberlegen und etwas andrücken. Mit einem Messer zur Form eines Fisches entlang des Filets schneiden mit ca. 3 cm Abstand. Den übrigen Teig dünn ausrollen und ihn als Kopf, Schuppen und Schwanzflosse auflegen. Mit einem verquirlten Ei bestreichen und in den heißen Ofen schieben.
Genaue Backtemperatur und Backzeit beachten.

Backzeit:

Elektro:	210 °C	ca. 22 Minuten
Gas:	2—3	ca. 22 Minuten

Pastetenhaus

Als Vorspeise, aber auch als Hauptgericht eignet sich das Pastetenhaus.

Zutaten

Teig: 620 g Blätterteig, s. Grundrezept Seite 102

Zum Bestreichen:

1 Ei

Vorspeise für ca. 6—8 Personen
Hauptgericht für 4 Personen

Zubereitung

Knapp die Hälfte des Teiges für den Boden 22 x 22 cm ausrollen. Auf ein mit Backtrennpapier belegtes Backblech legen, eine Platte von 20 cm ∅ ausstechen oder zuschneiden. Um den Hohlraum des Hauses zu erreichen, muß eine Papierkugel eingelegt und mitgebacken werden. Diese Kugel wird aus Papierhandtüchern gemacht. Ein Blatt der Küchenrolle zu einer Kugel zusammenlegen, ein zweites darumschlagen. Nach ca. 8—10 Tüchern je nach Größe des Einzelblattes entsteht eine Kugel mit einem Durchmesser von 10—11 cm; diese mit Backtrennpapier einhüllen. Gut zusammendrücken und auf die Mitte des Bodens legen. Den restlichen Teig 32 x 32 cm ausrollen. Den Rand der runden Teigplatte auf dem Backblech mit Wasser bestreichen und den ausgerollten Teig darüberlegen. Leicht andrücken und den überstehenden Teig abschneiden. Der restliche Teig wird als Garnitur verwendet und dazu dünn ausgerollt. Halbmonde, Blumen oder Herzen ausstechen. Für die Kuppel einen Deckel von ca. 7 cm ∅ ausstechen.

Das Pastetenhaus mit einem verquirlten Ei bestreichen und den Deckel und die Garnitur auflegen und ebenfalls bestreichen. Mit einer Gabel den Teig an verschiedenen Stellen einstechen, um Luftblasen zu vermeiden. Den restlichen Teig um den Rand legen und mit der Gabel ein Muster eindrücken.
Nach einer kurzen Ruhezeit in den vorgeheizten Ofen direkt auf die Bodenplatte schieben und backen. Hat das Pastetenhaus eine schöne goldgelbe Farbe, aus dem Ofen nehmen und etwas auskühlen lassen.
Zum Herausnehmen der Papierkugel mit einem Messer direkt um den Rand des Deckels schneiden und diesen abheben.
Vorsichtig die Papierkugel stückchenweise herausnehmen. Das offene Haus nochmals in den Ofen schieben, damit der Teig von innen nachbäckt.
Dieses Pastetenhaus kann einen Tag vor der Verwendung hergestellt werden. Als Füllung empfiehlt sich Kalbsgeschnetzeltes oder Rindergeschnetzeltes mit Pilzen.

Backzeit:

Elektro:	180° C	ca. 30 Minuten
Gas:	2—3	ca. 30 Minuten

Ein kleiner Tip:

Besonders hübsch sieht es aus, wenn jedem Gast als Hauptgericht ein kleines Häuschen serviert wird. Der Zeitaufwand ist etwas größer und es wird mehr Blätterteig benötigt. Die angegebene Teigmenge ergibt 4 kleine Häuschen mit einem Durchmesser von ca. 10 cm.
Der Teig wird dünner und die Papierkugel kleiner gehalten. Ansonsten ist der Arbeitsablauf gleich.

Hühnerbrust in Blätterteig mit Sesam, Seite 24 ▷

Körnerblätterteig

Wer von Kernen und Körnern nichts oder wenig hält, sollte die folgenden Rezepte einmal ausprobieren. Zugegeben, es ist nicht alltäglich, einen Blätterteig so zu verändern. Aber die Sonnenblumenkerne, der Leinsamen und der Sesam verleihen dem Teig einen herrlichen Geschmack.
Die Zartheit des Blätterteiges bleibt trotzdem erhalten. Das Fleisch, die Pilze, der Käse, Fisch oder Schinken runden den Geschmack ab.

Die Grundlage ist Blätterteig, selbstgemacht nach dem Grundrezept mit frischer Butter, s. Seite 102. Der Arbeitsaufwand ist gering. Der Blätterteig kann einen Tag vorher zubereitet werden. Dazu wird er eingerollt, wie im Grundrezept beschrieben und zusammengelegt. Der Fachmann sagt getourt. Über Nacht zugedeckt im Kühlschrank ruht er. Am nächsten Tag wird er mit den Kernen ausgerollt und verarbeitet. Er kann aber jederzeit, wenn er eingerollt ist, nach 1/2 Stunde Ruhezeit verarbeitet werden.

Alle Rezepte sind auf die Teigmenge des Grundrezeptes von 250 Gramm Mehl abgestimmt, außer dem Apéritif-Gebäck, dafür wird die doppelte Menge benötigt.

Blätterteig im Umluftherd zu backen, führt zu keinen optimalen Ergebnissen. Die Gebäckstücke werden wohl locker, zart und vielblätterig, aber nicht knusprig — dies sollten sie jedoch sein.

Hühnerbrust in Blätterteig mit Sesam

Zutaten

5 Hühnerbrüste
Salz, Senf
Koriander aus der Mühle
1 Bund Frühlingszwiebeln
Sojasauce
620 g Blätterteig, s. Grundrezept Seite 102
250 g Sesam

Zum Bestreichen:

1 Ei

Ergibt 10 Stück

Zubereitung

Die Hühnerbrüste halbieren und flachklopfen. Leicht salzen, mit Senf bestreichen und Koriander überstreuen. Frühlingszwiebeln fein schneiden, kräftig auf die Hühnerbrüste drücken und diese zusammenklappen. Sojasauce in eine Schüssel geben und die Brüste über Nacht marinieren.
Den Blätterteig auf Sesam ausrollen ca. 30 x 20 cm. Die rechte und linke Seite zur Mitte legen und nochmals zusammenklappen. Nach einer kurzen Ruhezeit den Teig 32 x 65 cm ausrollen und 10 Teile daraus schneiden (je 16 x 13 cm). Die Hühnerbrüste mit Küchenkrepp abtrocknen und auf den Teig legen. In den Blätterteig einschlagen und etwas festdrücken. Auf das Backblech legen, mit einem verquirlten Ei bestreichen und den restlichen Sesam darüberstreuen.
Heiß servieren.

Backzeit:

Elektro:	180 °C	ca. 25 Minuten
Gas:	2—3	ca. 25 Minuten

Zucchini-Blätterteig

Zutaten

620 g Blätterteig, s. Grundrezept Seite 102
50 g Sesam
50 g Leinsamen
9 kleine Zucchini
9 Scheiben roher Schinken
1 Knoblauchzehe

Zum Bestreichen:

1 verquirltes Ei

Ergibt 9 Stück

Zubereitung

Den Blätterteig mit Sesam und Leinsamen ausrollen (ca. 30 x 20 cm). Beide Seiten zur Mitte klappen und nochmals die eine über die andere Seite legen. Mit einem Tuch abdecken und im Kühlschrank etwas ruhen lassen.
Junge Zucchini waschen und in ca. 10 cm lange Stücke schneiden. Je nach Geschmack auf die rohen Schinkenscheiben etwas fein zerdrückten Knoblauch geben und das Gemüse damit umwickeln oder die Zucchini aufschneiden, Knoblauch in der Mitte verteilen und wieder zusammenlegen.
Den Blätterteig mit den übrigen Körnern 45 x 54 cm ausrollen und zu Stücken von 15 x 18 cm schneiden.
Die Zucchini in den Teig wie in eine Tasche einschlagen und auf das Backblech legen. Mit einem verquirlten Ei bestreichen und im heißen Ofen goldgelb backen.
Warm servieren.

Backzeit:

Elektro:	180 °C	ca. 25 Minuten
Gas:	2—3	ca. 25 Minuten

Pastete, gefüllt

Zutaten

500 g Bratwurstmasse
2 Zwiebelschloten (Grün von Frühlingszwiebeln)
620 g Blätterteig, s. Grundrezept Seite 102
120 g Leinsamen

Zum Bestreichen:

1 Ei

Zum Bestreuen:

1 Teelöffel Kümmel

Ergibt 14 Stück

Zubereitung

Bratwurstmasse fertig angerichtet vom Metzger kaufen, die Zwiebelschloten fein hacken und darunterheben.
Den Blätterteig mit dem Leinsamen zu einer Größe von ca. 30 x 20 cm ausrollen. Beide Seiten bis zur Mitte einschlagen, die eine über die andere Seite legen. Nach einer Ruhezeit von ca. 10 Minuten den Teig ca. 35 x 48 cm ausrollen. Mit einem gezackten oder runden Ausstecher von ca. 8 cm ∅ 14 Teigteile ausstechen und auf das Backblech legen. Mit Wasser dünn bestreichen und die Bratwurstmasse in die Mitte der 14 Teigteile als Kugel verteilen.
Den Abfallblätterteig zusammenlegen und wiederum ausrollen. Mit einem größeren Ausstecher von ca. 10 cm ∅ die Oberteile ausstechen. Die Oberteile auflegen und den Rand etwas andrücken. Mit einem verquirlten Ei bestreichen, den restlichen Leinsamen (Samen, die beim Ausrollen abgefallen sind) und den Kümmel darüberstreuen. In den heißen Backofen schieben und goldgelb backen.
Lauwarm servieren.

Backzeit:

Elektro:	180 °C	ca. 25 Minuten
Gas:	2—3	ca. 25 Minuten

Egerlinge im Rock

Zutaten

620 g Blätterteig, s. Grundrezept Seite 102

Für den Teig und zum Bestreuen:

100 g Sonnenblumenkerne
60 g Leinsamen
60 g Sesam

100 g Petersilie
20 g Kerbel
20 g Rosmarin
20 g Thymian
20 g Basilikum
1 Schalotte
20 g Butter
1 Knoblauchzehe
8 Egerlinge (Steinchampignons)

Zum Bestreichen:

1 Ei

Ergibt 8 Stück

Zubereitung

Den Blätterteig mit den Körnern 30 x 20 cm ausrollen. Beide Seiten zur Mitte schlagen und nochmals übereinanderlegen.
Petersilie, Kerbel, Rosmarin, Thymian, Basilikum und die Stiele der Champignons fein hacken. Die Schalotte würfeln, in der Butter andünsten und den zerdrückten Knoblauch zugeben. Die Kräuter kurz daruntergeben und von der Feuerstelle nehmen.

Die Köpfe der Egerlinge kuppelförmig mit den Kräutern füllen.
Den Blätterteig 38 x 48 cm ausrollen. 8 Unterteile mit einem Ausstecher von 11 cm ∅ ausstechen und auf das Backblech legen. Die gefüllten Egerlinge mit den Kräutern nach oben auflegen. Die Oberteile etwas größer ca. 13 cm ∅ ausstechen. Die Teigabschnitte nochmals ausrollen und die restlichen Deckel ausstechen und auflegen. Den Rand etwas andrücken und mit einem verquirlten Ei bestreichen. Mit den restlichen Körnern dicht auf der Oberfläche bestreuen und die Pilztaschen im heißen Ofen goldgelb backen.
Warm servieren.

Backzeit:

Elektro:	180 ° C	ca. 25 Minuten
Gas:	2—3	ca. 25 Minuten

Ein kleiner Tip:

Anstelle des Blätterteigs mit Kernen kann ganz normaler Blätterteig verwendet werden.
Zu den Egerlingen paßt sehr gut eine Aïoli (Knoblauchmayonnaise), die evtl. mit etwas Magerjoghurt »gestreckt« werden kann.

◁ Egerlinge im Rock, Rezept siehe oben

Tomatenblumen

Zutaten

620 g Blätterteig, s. Grundrezept Seite 102
80 g Sonnenblumenkerne
80 g Leinsamen
80 g Sesam
12 mittelgroße Tomaten
1 kleines Glas Pesto (fertig gekauft)
150 g Mozzarella

Zum Garnieren:

Pinienkerne

Zum Bestreichen:

1 Ei

Ergibt 12 Stück

Zubereitung

Sonnenblumenkerne, Leinsamen und den Sesam mischen und den Blätterteig darauf 30 x 20 cm ausrollen.
Die rechte und die linke Seite zur Mitte klappen und nochmals übereinanderlegen. Abgedeckt etwas ruhen lassen.
Von mittelgroßen Tomaten 1/3 abschneiden, etwas aushöhlen. In die Mitte der Tomaten einen halben Teelöffel Pesto einstreichen und eine Scheibe Käse darüberlegen.
Den Teig nun auf eine Größe von 35 x 48 cm ausrollen. 12 Unterteile ausstechen (von ca. 8 cm ∅) und auf das Backblech legen. Besonders hübsch sieht es aus, wenn ein Blumenausstecher für die Teigplatten verwendet wird. Die Tomaten in die Mitte setzen, Oberteile von ca. 12 cm ∅ ausstechen und auflegen.
(Der Abfallblätterteig wird hierfür nochmals zusammengelegt und ausgerollt). Mit einem verquirlten Ei bestreichen und die restlichen Körner darüberstreuen. Pinienkerne in die Mitte als Blume legen. In den heißen Ofen schieben und goldgelb backen.

Backzeit:

Elektro:	180 °C	ca. 25 Minuten
Gas:	2—3	ca. 25 Minuten

Mohn-Sesam-Stengel

Zutaten

620 g Blätterteig, s. Grundrezept Seite 102
100 g Mohn
100 g Sesam
20 g Kümmel
100 g geriebener Käse
Messerspitze Salz
etwas Pfeffer

Ergibt ca. 20 Stück

Zubereitung

Mohn und Sesam mischen und den Blätterteig darauf 20 x 30 cm ausrollen. Die rechte und linke Seite zur Mitte klappen und nochmals übereinanderlegen. Mit einem Tuch abdecken und im Kühlschrank ca. 10 Minuten ruhen lassen.
Den Teig 60 x 25 cm ausrollen. Die Oberfläche des Teiges mit Wasser bestreichen. Der Länge nach die obere Hälfte mit Kümmel, die untere Hälfte mit Käse, vermischt mit Salz und Pfeffer, bestreuen und den Teig nach unten zusammenklappen und etwas andrücken. 3 cm breite Streifen schneiden und wie eine Kordel zusammendrehen.
Auf ein Backblech legen, ca. 10 Minuten ruhen lassen. In den vorgeheizten Ofen schieben und goldgelb backen.

Backzeit:

Elektro:	180 °C	ca. 12 Minuten
Gas:	2—3	ca. 12 Minuten

Verschiedenes Apéritifgebäck aus Blätterteig, Seite 32 und 33 ▷

Apéritifgebäck aus Blätterteig mit Kernen

Die folgenden fünf Sorten schmecken besonders herzhaft zu einem Glas Wein.

Aus 500 Gramm Mehl wird ein Blätterteig zubereitet und eingerollt (s. Grundrezept Seite 102, doppelte Menge).
Nach einer kurzen Ruhezeit den Teig in vier Teile teilen und jedes mit den angegebenen Körnern nochmals einrollen. Beim Ausrollen braucht man nicht auf jeden Zentimeter zu achten. Was zuviel ist, wird abgeschnitten und für die 5. Sorte verwendet.
Das Rezept ergibt ca. 110—115 Einzelstücke.
Vor dem Servieren leicht erwärmen. Übrig gebliebenes Gebäck kann problemlos eingefroren werden.

Käsestangen

Zutaten

300 g Blätterteig
100 g geriebener Käse
50 g Leinsamen
50 g Sonnenblumenkerne
Salz

Ergibt 25 Stück

Zubereitung

Geriebenen Käse, Leinsamen und Sonnenblumenkerne mit einer Prise Salz vermischen. Den Teig mit dieser Mischung 20 x 15 cm ausrollen. Beide Seiten zur Mitte schlagen und zusammenlegen. Nach ein paar Ruheminuten den Teig 12 x 50 cm ausrollen und 2 cm breite Streifen abschneiden. Mit Wasser bestreichen, die restliche Käse- Körnermischung darüberstreuen. Die Streifen leicht, ähnlich wie eine Kordel, zusammendrehen, auf ein Backblech legen. In den vorgeheizten Ofen schieben und goldgelb backen.

Backzeit:

Elektro:	180 °C	ca. 11 Minuten
Gas:	2—3	ca. 11 Minuten

Sardellenhappen

Zutaten

300 g Blätterteig
100 g Roggenflocken
25 Sardellenfilets

Zum Bestreichen:

1 Ei

Ergibt 25 Stück

Zubereitung

Den Blätterteig mit Roggenflocken ausrollen. Während des Ausrollens zu einer Größe von 20 x 15 cm kräftig mit den Flocken bestreuen. Die rechte und linke Seite zur Mitte legen und nochmals übereinanderschlagen. Nach ca. 10 Minuten Ruhezeit den Teig 20 x 24 cm ausrollen. Mit einem Fischausstecher (ca. 6 cm lang) ausstechen.
Die Hälfte der Teigteile mit Wasser abtupfen und ein Sardellenfilet auflegen; das Oberteil darüberlegen, leicht andrücken.
Auf dem Backblech mit einem verquirlten Ei bestreichen. In den vorgeheizten Ofen schieben und goldgelb backen.

Backzeit:

Elektro:	180 °C	ca. 11—13 Minuten
Gas:	2—3	ca. 11—13 Minuten

Oliven

Zutaten

300 g Blätterteig
100 g Sonnenblumenkerne
24 Oliven ohne Kern
30 g Leinsamen

Zum Bestreichen:

1 Ei

Ergibt 24 Stück

Zubereitung

Den Blätterteig mit Sonnenblumenkernen ausrollen (ca. 20 x 15 cm). Die rechte und linke Seite zur Mitte schlagen und nochmals zusammenlegen. Kurz ruhen lassen, mit den abgefallenen Körnern ca. 25 x 40 cm ausrollen und Quadrate von 6 cm Kantenlänge schneiden. Leicht mit Wasser bestreichen.
Kernlose Knoblauch-Oliven darauflegen und den Teig einschlagen.
Auf dem Backblech mit einem verquirlten Ei bestreichen, etwas Leinsamen darüberstreuen und in den vorgeheizten Backofen schieben und goldgelb backen.

Backzeit:

Elektro:	180° C	ca. 11 Minuten
Gas:	2—3	ca. 11 Minuten

Schinkenschnecken

Zutaten

300 g Blätterteig
150 g roher Schinken
50 g Sesam
50 g Leinsamen
50 g Sonnenblumenkerne

Ergibt 25 Stück

Zubereitung

Den rohen Schinken fein schneiden und kräftig anbraten. Sesam, Leinsamen, Sonnenblumenkerne mischen und den Teig damit ausrollen. Bei einer Größe von ca. 20 x 15 cm die rechte und linke Seite zur Mitte einschlagen und nochmals zusammenlegen.
Nach einer Ruhepause von ca. 10 Minuten den Teig in den abgefallenen Körnern ausrollen, ca. 30 x 20 cm. Mit Wasser bestreichen, den Schinken aufstreuen und zu einer Rolle aufwickeln. 25 Scheiben schneiden, auf ein mit Backtrennpapier belegtes Backblech legen. In den Ofen schieben und goldgelb backen.

Backzeit:

Elektro:	180° C	ca. 11 Minuten
Gas:	2—3	ca. 11 Minuten

Knöpfe

Zutaten

Alle restlichen Teigstücke
Meerrettich und Knoblauch, fein gehackt

Zubereitung

Alle restlichen Teigstücke zusammenlegen (nicht kneten) und ca. 2 mm stark ausrollen. Quadrate von ca. 5 cm schneiden und dünn mit Wasser bestreichen. Kleine Tupfen der Meerrettich- Knoblauchfüllung daraufgeben. Zu einer Kugel zusammenlegen. Auf dem Backblech kurz ruhen lassen, in den vorgeheizten Ofen schieben und goldgelb backen.
Eine Angabe der Menge für die Füllung ist nicht möglich. Diese richtet sich nach der Menge der restlichen Teigstücke. Gekauften, fertig angemachten Meerrettich mit Knoblauch, je nach Geschmack, mehr oder weniger würzen.

Backzeit:

Elektro:	180° C	ca. 11 Minuten
Gas:	2—3	ca. 11 Minuten

Brandteig

Brandteiggebäck ist luftig und knusprig, wenn es im Ofen gebacken wird.
Es ist ideal als Apéritifgebäck, aber es eignet sich auch als Grundlage für eine Vorspeise oder kleines Gericht. Brandteig läßt sich mit dem Spritzbeutel zu allen möglichen Formen und Größen aufspritzen.
Er hat einen neutralen Geschmack, dadurch kommt die Füllung voll zur Geltung. Speziell beim Apéritif-Gebäck kann man der Fantasie freien Lauf lassen.
Brandteig kann auch in der Friteuse gebacken werden — er ist dann von lockerer und zarter Beschaffenheit.
Wichtig ist in jedem Fall genaues Abmessen aller Zutaten und Befolgen der Arbeitsabläufe.
Die folgenden Rezepte sind von der Menge her auf das Grundrezept abgestimmt.

Frühlingskranz

Zutaten

590 g Brandteig — s. Grundrezept Seite 103
20 g Leinsamen

Füllung:

1000 g Magerquark
1 Becher Joghurt
Salz und Pfeffer aus der Mühle
2 Bund Schnittlauch
1 Bund Frühlingszwiebeln
2 Bund Radieschen
0,4 l flüssige Sahne (2 Becher)

Für 10 Personen

Zubereitung

Mit einem Spritzbeutel mit Sterntülle Größe Nr. 18 einen Kranz mit einem Innendurchmesser von ca. 18 cm auf ein mit Trennpapier belegtes Blech spritzen. Mit dem Messer kleine Spitzen hochziehen und Leinsamen darüberstreuen. In den vorgeheizten Ofen schieben und backen.
Nach dem Auskühlen den Kranz vorsichtig waagerecht durchschneiden. Den Magerquark und das Joghurt mit dem Rührgerät der Küchenmaschine glattrühren und mit Salz und Pfeffer kräftig abschmecken. Schnittlauch und Frühlingszwiebeln fein hacken, Radieschen in dünne Stifte schneiden und 2/3 davon unter den Quark heben.
Absichtlich wurde in diesem Rezept keine Gelatine verwendet.
Der Brandteigkranz kann am Vormittag gebacken und der Quark angerührt werden.
Kurz vor dem Servieren die Sahne schlagen und unter den Quark heben. Auf den Kranz verteilen, mit den Zwiebeln, Radieschen und Schnittlauch verzieren, den Deckel auflegen und servieren.

Backzeit:

Elektro:	180° C	40—45 Minuten
Gas:	2—3	40—45 Minuten
Umluft:	170° C	35—40 Minuten

◁ Frühlingskranz, Rezept siehe oben

Krapferl mit Teufelssauce

Zutaten

590 g Brandteigmasse, s. Grundrezept Seite 103
50 g geriebener Emmentaler
50 g gewürfelter roher Schinken
6 Sardellenfilets
Backfett
2 oder 3 fertig gekaufte scharfe bzw. süßsaure Saucen

Ergibt ca. 25 Stück

Zubereitung

Brandteig herstellen wie im Grundrezept beschrieben.
Den geriebenen Käse in einer kleinen Schüssel mit ca. 1/3 der Brandmasse glattrühren. Den gewürfelten rohen Schinken ebenfalls in eine Schüssel geben und das zweite Drittel der Brandmasse darunterrühren.
Die feingeschnittenen Sardellenfilets unter die restliche Masse rühren.
Die Friteuse auf 180 Grad erhitzen.
Mit einem feuchten Kaffeelöffel kleine längliche Nockerln abstechen, ins heiße Fett geben und goldgelb backen
Vorsicht, daß nicht zuviele Wassertropfen in das heiße Fett kommen, da die Friteuse sonst überschäumt und dies sehr gefährlich sein kann!
Um die einzelnen Sorten zu erkennen, z. B. die Käsekrapferl, sofort nach dem Backen in geriebenem Käse rollen, die Sardellenkrapferl leicht mit Mehl bestäuben. Die Schinkenkrapferl bleiben natur.
Lauwarm mit zwei oder drei fertig gekauften scharfen oder süßsauren Saucen servieren.

Backzeit

Friteuse 180 ° C
nach Farbe — hellbraun

Fränkische Krautkugeln

Zutaten

590 g Brandmasse, s. Grundrezept Seite 103
250 g rohes Sauerkraut
Prise Salz
1/2 Teelöffel Zucker
1/2 Teelöffel Kümmel

Füllung:

300 g Bratwurstgehäck (Bratwurstmasse)
1 Zwiebel
Radieschen oder Rettich

Ergibt ca. 30 Stück

Zubereitung

Brandteig herstellen, wie im Grundrezept beschrieben.
Das rohe Sauerkraut mit Salz, Zucker und Kümmel würzen und unter die Brandteigmasse rühren. Mit einem Kaffeelöffel kleine Häufchen auf ein Backblech setzen und etwas flachstreichen. Den Kaffeelöffel immer wieder in kaltes Wasser tauchen, damit die Masse nicht zu sehr klebt.
Das Blech in den heißen Ofen schieben und die Krautkugeln goldgelb backen.
Für die Füllung fertig angerichtetes Bratwurstgehäck beim Metzger kaufen. Je nach Geschmack eine Zwiebel feinschneiden und zusätzlich unter das Gehäck kneten. Die kleinen Windbeutel halb aufschneiden und mit der Füllung füllen. Ein Scheibchen Radieschen mit einlegen und zuklappen.
Als Beilage Radieschen- oder Rettichsalat reichen.

Backzeit:

Elektro:	180 ° C	ca. 20—23 Minuten
Gas:	2—3	ca. 20—23 Minuten
Umluft:	170 °C	ca. 20 Minuten

Apéritifgebäck aus Brandteig, Seite 40 ▷

Schwäne, Windbeutel, Brezeln, usw.

Zutaten

590 g Brandmasse, s. Grundrezept Seite 103

Grundfüllung:

650 g Magerquark
knapp 1/8 l Sonnenblumenöl
Salz, Pfeffer, Muskat, Knoblauch

Für die unterschiedlichen Füllungen:

Schnittlauch, Paprika, Kapern, Gorgonzola, Sardellenfilets

Zum Bestreuen:

Leinsamen, Mohn, Kümmel, Sesam

Ergibt 50—55 Stück

Zubereitung

Einen Brandteig nach der Beschreibung im Grundrezept auf Seite 103 herstellen. Ist die Brandmasse glattgerührt, mit einem Spritzbeutel kleine Schwäne, Windbeutel, Brezeln, Kringel oder Buchstaben ca. 3 1/2 bis 4 cm groß aufspritzen. Teilweise mit Leinsamen, Mohn, Kümmel oder Sesam bestreuen.
In den vorgeheizten Ofen schieben und backen.
Grundfüllung: Magerquark mit Sonnenblumenöl aufschlagen, mit Salz, Pfeffer, Muskat und etwas Knoblauch abschmecken.
Um einen optischen und geschmacklichen Unterschied zu erreichen, Teile der Füllung mit feingehacktem Schnittlauch, Paprika, Kapern, Gorgonzola und Sardellen vermischen.
Die einzelnen Brandteigteile aufschneiden und mit den unterschiedlichen Füllungen mit dem Spritzbeutel füllen.
Die Windbeutel von unten mit einer Spritztülle etwas anstechen und die Füllung einspritzen.
Als Garnitur können Lachs, Käse, Weintrauben und Tomaten verwendet werden.

Backzeit:

Elektro:	180 °C	je nach Größe 20—30 Minuten
Gas:	2—3	je nach Größe 20—30 Minuten
Umluft:	170 °C	je nach Größe 20—25 Minuten

Gefüllte Brandteigschiffchen

Zutaten

590 g Brandteigmasse, s. Grundrezept, Seite 103
40 g geriebener Käse
20 g Leinsamen

Für die Creme:

1 Ei
0,2 l Olivenöl
etwas Zitronensaft
Messerspitze Senf
Salz und Pfeffer
1 kleine Dose Thunfisch (natur), abgetropft
1 Teelöffel Kapern
3 Sardellenfilets
1 Eßlöffel flüssige Sahne
15 dünne Scheiben Putenfleisch
15 dünne Scheiben Tomaten

Ergibt 15 Stück

Zubereitung

Brandteig nach dem Grundrezept herstellen.
Mit einem Spritzbeutel mit großer Sterntülle (Größe Nr. 15) Streifen von etwa 11 cm auf ein mit Trennpapier belegtes Backblech spritzen.
Mit geriebenem Käse und Leinsamen überstreuen und in den heißen Backofen schieben und kräftig ausbacken.
Während der Backzeit die Creme zubereiten:
Mit dem Pürierstab der Küchenmaschine aus dem Ei, Olivenöl, Zitronensaft, Senf, Salz und Pfeffer eine Mayonnaise herstellen. Thunfisch, Kapern und Sardellenfilets ganz fein hacken und daruntergeben. Mit der flüssigen Sahne etwas verdünnen. Die Soße muß dickflüssig bleiben. Die länglichen Windbeutel aufschneiden, auf die Unterteile je 1 dünne Scheibe kaltes Putenfleisch legen. Die abgezogenen Tomaten in dünne Scheiben schneiden, je eine auf das Fleisch legen. Mit der Soße überziehen, Deckel auflegen und kühl servieren.

Backzeit:

Elektro:	180 °C	35 Minuten
Gas:	2—3	35 Minuten
Umluft:	170 °C	30 Minuten

Gemüseküchle

Zutaten

1.180 g Brandmasse, s. Grundrezept Seite 103
(doppelte Menge)
und zusätzlich:
150 g geriebener Käse
3 Eier

ca. 300 g Brokkoli
1 mittlerer Kopf Blumenkohl
4 Stangen Staudensellerie
1 große Zucchini
Pfeffer, frisch gemahlen
Muskat, Salz
Backfett

Für ca. 8 Portionen

Zubereitung

Brokkoli und Blumenkohl in nicht zu kleine Röschen teilen. In leicht gesalzenem Wasser eine Minute blanchieren (nicht länger) und auf einem Gitter ablaufen lassen. Stangensellerie und halbierte Zucchini in ca. 5 cm lange Stücke schneiden.
Die doppelte Menge Brandmasse herstellen, wie im Grundrezept angegeben. Zusätzlich unter die fertige Brandmasse die Eier und den geriebenen Käse rühren. Die Brandmasse hat die Festigkeit eines dicken Pfannkuchenteiges, damit das Gemüse problemlos getaucht werden kann.
Die Friteuse einschalten und heiß werden lassen. Das Gemüse würzen; den Brokkoli mit der Pfeffermühle kräftig pfeffern, den Blumenkohl pfeffern und Muskat darüberreiben. Die Zucchinistreifen salzen und pfeffern. Der Stangensellerie wird nicht gewürzt.
Die Gemüseteile mit der Gabel einzeln aufspießen und in die Brandteigmasse tauchen. (Dazu eignet sich eine Fleisch- oder Fonduegabel sehr gut, da beide sehr lang sind und nur zwei Zinken haben.) Ein wenig abtropfen lassen und vorsichtig in die heiße Friteuse geben. Sobald die ersten Gemüsestücke goldgelb sind, werden sie aus dem Fett genommen und auf ein Gitter zum Abtropfen gelegt.
Zur Abwechslung können auch Salamischeiben und in Würfel geschnittener gekochter Schinken mitfritiert werden.

Es ist sehr schwierig, die Brandmasse vollständig aufzuarbeiten. Deshalb empfehle ich folgende »Resteverwertung«: unter die restliche Masse gewürfelten rohen Schinken heben und mit einem Kaffeelöffel kleine Kugeln in die Friteuse geben und backen.
Vor dem Servieren kurz auf einem Backblech im heißen Ofen leicht anwärmen.
Zwei oder drei fertig gekaufte scharfe Saucen dazureichen.

Backzeit:

Friteuse 180 °C
nach Farbe hellbraun

Käsegebäck

Käsegebäck, einfach oder gefüllt, paßt als Apéritif-Gebäck oder zu später Stunde zum Wein.
Die Herstellung — wie im Grundrezept angegeben — ist gleich der eines Mürbteiges. Gut gekühlt soll er beim Ausrollen sein.
Das Gebäck kann einige Tage im voraus hergestellt werden, ohne daß die Qualität leidet.
Das zusammengesetzte Käsegebäck sollte allerdings erst am selben Tage gefüllt werden.
Alle, auch die Kinder, können bei der Verzierung mithelfen — so werden diese zarten, köstlichen Gebäckstücke mit Sicherheit zu kleinen Kunstwerken.

Einfaches Käsegebäck aus Käsemürbteig

Zutaten

740 g Käse-Mürbteig, s. Grundrezept Seite 104

Zum Überpinseln:

1 verquirltes Ei

Zum Überstreuen:

geriebener Käse, Kümmel, Mohn, Sesam, Paprika, Wal- oder Haselnüsse

Die schönsten Ausstecher können verwendet werden:
Herz, Kringel, Raute sowie auch figürliche Ausstecher, z. B. Tiere.
Unterschiedliche Größen des Ausgestochenen erweitern zudem die Palette. Wichtig ist, daß der Teig dünn ausgerollt wird (ca. 2 mm).

Zubereitung

Auf dem Backblech werden die ausgestochenen Teile mit einem verquirlten Ei bestrichen.
Geriebenen Käse, Kümmel, Mohn, Sesam oder Paprika überstreuen, Wal- oder Haselnüsse auflegen.
In den heißen Backofen schieben und goldgelb backen.

Backzeit:

Elektro:	180 °C	ca. 10 Minuten
Gas:	2—3	ca. 10 Minuten

◁ Käsegebäck aus Blätterteig, Rezept siehe Seite 12

Gefülltes Käsegebäck aus Käsemürbteig

Zutaten
740 g Käse-Mürbteig, s. Grundrezept Seite 104

Zum Überpinseln:
1 Ei

Zum Bestreuen:
Käse, Kümmel, Mohn, Sesam

Füllung: *verschiedene Arten nach Ihrer Wahl*

Zubereitung

Gefülltes, zusammengesetztes Käsegebäck ist in der Herstellung gleich wie das einfache. Den Teig dünn ausrollen, mit verschiedenen Ausstechern ausstechen und auf das Backblech legen.
Die Hälfte der Teile mit verquirltem Ei bestreichen und mit Käse, Kümmel, Mohn oder Sesam bestreuen. In den heißen Backofen schieben und goldgelb backen.

Bei der Füllung und der Garnitur kann man der Phantasie freien Lauf lassen. Frischkäse, Kräuterquark, Sardellenpaste und Paprikaquark eignen sich gleichermaßen gut.
Die Füllung wird als kleiner Tupfer auf ein Unterteil gespritzt und das passende Oberteil aufgelegt. Für die Garnitur kann man aus dem Vorrat der Küche schöpfen. Schnittkäse, Sardellen, Lachs, Oliven, Peperoni, Schnittlauch, Petersilie oder Weintrauben und Kiwi.
Für die Füllung und die Garnitur beim Käsegebäck soll der Grundsatz gelten, alles, was zusammen paßt, ist erlaubt.

Backzeit:

Elektro: 180 ° C ca. 10 Minuten
Gas: 2—3 ca. 10 Minuten

Aufgespritztes Käsegebäck

Zutaten
740 g Käse-Mürbteig, s. Grundrezept Seite 104

Zum Aufspritzen:
400 g Butter
Sardellen, Knoblauch oder Kräuter zum Abschmecken (frisch oder getrocknet)

Als Garnitur:
Lachs, Thunfisch, Shrimps, roher Schinken, Käse Tomaten oder Radieschen

Zubereitung

Eine Variante zum einfachen und zum gefüllten Käsegebäck ist das aufgespritzte Gebäck. Den Teig wie beim Grundrezept angegeben herstellen und 1/2 Stunde in den Kühlschrank legen. Anschließend dünn ausrollen und mit verschiedenen kleinen Förmchen ausstechen. Auf das Backblech legen und im heißen Ofen goldgelb backen.
Für das »Obendrauf« die Butter schaumig rühren und kräftig abschmecken. Z. B. Sardellenbutter, Knoblauchbutter oder Kräuterbutter passen gut dazu. Mit einem Spritzbeutel ganz kleine Tupfen auf die gebackenen Teilchen spritzen und ein Stückchen Garnitur auflegen.
Da es sich beim einfachen, gefüllten und aufgespritzten Käsegebäck jeweils um den gleichen Teig handelt, können nach Belieben alle drei Sorten zusammen hergestellt werden.

Backzeit:

Elektro: 180 ° C ca. 10 Minuten
Gas: 2—3 ca.10 Minuten

Briocheteig — Hefeteig

Für die folgenden Rezepte wird ein Hefeteig, besser gesagt, ein Brioche-Teig verwendet, s. Grundrezept Seite 105.

Brioche-Teig ist ein Hefeteig mit viel Butter und von zarter Beschaffenheit. Verarbeitet wird er wie normaler Hefeteig, jedoch kühl gehalten.
Dieser Teig kann einen Tag vorher gemacht und abgedeckt über Nacht in den Kühlschrank gelegt werden.

Die Rezepte Leber- und Käsetaschen sind von der Menge her auf das Grundrezept von 500 Gramm Teig abgestimmt. Für die Buchteln bei einer Formgröße von ca. 30 x 20 cm werden 1 000 Gramm Teig benötigt.
Gebacken wird dieser Teig wie normaler Hefeteig, goldgelb im mäßig heißen Ofen.

Lebertaschen

Zutaten

500 g Hefeteig, s. Grundrezept Seite 105
10 Apfelscheiben
5 Scheiben Hühnerleber
Salz

Zum Bestreichen:

1 verquirltes Ei

Zahnstocher als Stütze

Ergibt 10 Stück

Zubereitung

Die Äpfel schälen (Kernhaus entfernen) und in ca. 1 cm starke Scheiben schneiden. Die Hühnerlebern halbieren und leicht salzen.
Den leicht angegangenen Hefeteig zusammendrücken und auf ca. 30 x 60 cm ausrollen. 10 Teile von je 15 x 12 cm schneiden, die Apfelscheiben in die Mitte der Teigstücke legen, darauf je 1 Stück Leber.
Wichtig ist, daß die Leber flach und nicht übereinander gelegt wird. Den Teig von allen Seiten nach oben zu einem Beutel legen und in der Mitte etwas zusammendrücken.
Die abgeschnittenen Teigreste zu einer dünnen Wurst rollen und damit die Beutel abbinden. 3 oder 4 Zahnstocher als Stütze um den Mittelpunkt einstechen. An diesen Zahnstochern kann sich während des Backens der Teig anlehnen und die schöne Form bleibt erhalten.
Mit einem verquirlten Ei bestreichen und sofort in den heißen Backofen schieben. Nach dem Backen die Zahnstocher entfernen und die Lebertaschen warm servieren.

Backzeit:

Elektro:	180 ° C	ca. 12 Minuten
Gas:	2—3	ca. 12 Minuten
Umluft:	170 ° C	ca. 10—11 Minuten

◁ Lebertaschen, Rezept siehe oben

Käsetaschen

Zutaten

500 g Hefeteig, s. Grundrezept Seite 105
100 g Schafskäse
15 Knoblaucholiven, schwarz
8 Sardellenfilets

Zum Bestreichen:

1 verquirltes Ei

Zum Bestreuen:

30 g geriebener Käse
50 g fein geschnittener Schinken

Ergibt 15 Stück

Zubereitung

Schafskäse, Knoblaucholiven und Sardellenfilets fein hacken und mischen.
Den Hefeteig ausrollen (30 x 50 cm) und Quadrate von 10 x 10 cm daraus schneiden. An den Kanten dünn mit Wasser bestreichen, die Füllung gleichmäßig auf die Teigteile in der Mitte verteilen. Von allen 4 Seiten zur Mitte legen und etwas zusammendrücken.
Mit einem verquirlten Ei bestreichen und den geriebenen Käse und den fein geschnittenen Schinken darüberstreuen. In den heißen Backofen schieben und zart ausbacken.

Backzeit:

Elektro:	180° C	ca. 12 Minuten
Gas:	2—3	ca. 12 Minuten
Umluft:	170° C	ca. 10—11 Minuten

Schinkenbuchteln mit Käse

Zutaten

1000 g Hefeteig, s. Grundrezept Seite 105
200 g roher Schinken
100 g geriebener Käse

Butter zum Tauchen

Variante:

Sardellenfilets

Backform ca. 30 x 20 cm

Ergibt 30 Stück

Zubereitung

Den rohen Schinken fein schneiden und kräftig anbraten.
Den leicht angegangenen Hefeteig in drei Teile teilen; Stränge von ca. 30 cm Länge rollen und in jeweils 10 Stücke schneiden. Auf die Mitte der Schnittfläche kleine Schinkenhäufchen verteilen. Von der Außenseite her zur Mitte zusammendrücken. Die Backform ausbuttern. Jede Buchtel in warme Butter tauchen und mit der glatten Seite nach oben in die Form setzen.
Geriebenen Käse darüberstreuen und warm stellen. Ist der Teig kurz unter den Rand gegangen, in den heißen Backofen schieben und goldgelb backen.
Sehr gut schmecken diese Buchteln auch, wenn anstelle des Schinkens ein Sardellenfilet in die Mitte gelegt wird.

Backzeit:

Elektro:	180° C	ca. 16 Minuten
Gas:	2—3	ca. 16 Minuten
Umluft:	170° C	ca. 14 Minuten

Hefe — Blätterteig

Hefeblätterteig einmal ganz anders — würzig und pikant!

Die folgenden fünf Sorten werden aus einem Teig hergestellt. Der Arbeitsaufwand für dieses Gebäck ist gering. Die angegebenen Füllungen können jederzeit durch andere ersetzt werden.
Die Grundlage ist ein ganz einfacher, leichter Hefeteig, der mit Butter eingerollt wird. Dies ist genau beschrieben auf Seite 106, Hefeblätterteig — Grundrezept.
Besonders köstlich schmecken diese Gebäckstücke, wenn sie vor dem Servieren im Backofen ganz leicht angewärmt werden.

Hefe-Blätterteig-Stückchen

Zutaten
1280 g Hefeblätterteig (siehe Seite 106)

80 g roher Schinken

12 Sardellenfilets

16 schwarze Knoblaucholiven

150 g Sauerkraut
Messerspitze Salz
Messerspitze Zucker,
1/3 Teelöffel Kümmel

100 g geriebener Emmentaler

Zum Bestreichen:
verquirltes Ei

Zum Bestreuen:
Mohn, Sesam, Leinsamen

Ergibt 40 Stück

Den Teig in 5 gleichgroße Stücke teilen.

◁ Hefe-Blätterteig-Stückchen, Rezepte siehe oben und Seite 53

Schinkentaschen

Den fein geschnittenen Schinken anbraten.
Einen Teil des Teiges 16 x 32 cm ausrollen. Einige Minuten ruhen lassen und Quadrate von 8 x 8 cm daraus schneiden. Die Spitzen dieser Quadrate leicht mit Wasser abtupfen. Den angebratenen Schinken in der Mitte verteilen. Die Teigteile von allen 4 Seiten zur Mitte zusammendrücken, so daß kleine Taschen entstehen. Aufs Backblech setzen und mit verquirltem Ei bestreichen.
Mit Mohn bestreuen.

Sardellentaschen

Das zweite Teigteil wird genauso ausgerollt, 16 x 32 cm, und 8 x 8 cm geschnitten. In der Mitte der Quadrate je ein Sardellenfilet legen und als Taschen zusammenlegen. Auf dem Backblech, nachdem sie mit verquirltem Ei bestrichen sind, mit Sesam überstreuen.

Knoblaucholiven

Dieser Teigteil wird wie die zwei vorher genannten ausgerollt und geschnitten.
Auf jedes Teil je zwei Knoblaucholiven in die Mitte legen und als Taschen zusammenklappen. Aufs Backblech setzen, mit verquirltem Ei bestreichen und mit Leinsamen überstreuen.

Sauerkrautschnecken

Das Sauerkraut leicht andünsten, mit Salz, Zucker und Kümmel abschmecken.
Dieser Teigteil wird auf 24 x 10 cm ausgerollt. Das Sauerkraut darüber verteilen und zusammenrollen. 8 Teile von je 3 cm abschneiden (wie bei Schnecken) und aufs Backblech legen.

Käsekugeln

Den restlichen Teig in der Größe 14 x 28 cm ausrollen und Quadrate von 7 x 7 cm schneiden. Dünn mit Wasser bestreichen und leicht Käse aufstreuen. Von allen Seiten zusammenlegen und mit der glatten Fläche nach oben aufs Backblech legen. Mit einem verquirlten Ei bestreichen und den restlichen Käse darüberstreuen.

Alle Teile nur schwach gehen lassen. In den heißen Ofen schieben und zart ausbacken. In der warmen Jahreszeit nach dem Verarbeiten sofort in den Backofen schieben.

Backzeit:

Elektro:	180 °C	ca. 12 Minuten
Gas:	2—3	ca. 12 Minuten

Verschiedene Partybrötchen, Seite 56 und 57 ▷

Weißbrot

Frisch gebackene, knusprige Brötchen sind etwas Köstliches!
Die sieben angegebenen Sorten sind als Ideengrundlage gedacht, denn aus diesem Teig lassen sich alle möglichen Formen und Figuren herstellen, die mehr oder weniger bestreut, bzw. verziert werden können.
Der Zeitaufwand beträgt ca. 2 1/2 Stunden.

Der Backofen wird auf 230 °C erhitzt und die Brötchen werden mit abfallender Hitze gebacken, d. h., das Blech in den Ofen schieben und den Thermostat sofort auf 180 °C zurückstellen. Je kräftiger bzw. länger Brötchen gebacken werden, desto knuspriger sind sie.

Brötchen und Brot können eingefroren werden. Bei Bedarf auftauen und kurz in den heißen Ofen schieben.

Die Brötchen ergeben mehrere Bleche. Das erste in den heißen Backofen schieben und die anderen in der Zwischenzeit kühl stellen.

Verschiedene Partybrötchen

Die folgenden 7 Sorten Brötchen werden aus einem Teig von 850 Gramm Mehl hergestellt, s. Grundrezept Weißbrot, Seite 107.

Salzstangen

200 g Teig
1/2 Teelöffel Kümmel
etwas grobes Meersalz

Den Teig zu einem Strang formen und 8 Teile daraus schneiden. Flachdrücken, in die Form eines Dreiecks, mit Mehl bestäuben und aufrollen.
Auf dem Backblech mit Wasser bestreichen, mit Kümmel und Meersalz bestreuen.

Schrippen

200 g Teig
2 Teelöffel Mohn

8 Teile aus dem Teig schneiden. Flachdrücken und von 2 Seiten zur Mitte legen. Mit Wasser bestreichen, in den Mohn drücken und auf das Backblech legen.

Kreuzchen

200 g Teig
2 Teelöffel Sesam

8 Teile schneiden und zu Kugeln rollen. Mit Wasser bestreichen und in Sesam drücken.
Auf das Backblech setzen und kurz vor dem Backen über Kreuz einschneiden.

Zöpfe

200 g Teig
4 Teelöffel Mohn

Den Teig zu einem Strang rollen und 5 Teile daraus schneiden. Jedes Teil 30 cm lang rollen. 3 Teile daraus schneiden und Zöpfe flechten.
Nur die Oberfläche leicht mit Wasser bestreichen und in Mohn drücken.

Kümmelblumen

200 g Teig
3 Teelöffel Kümmel
1 Teelöffel Meersalz

Den Kümmel in den Teig einarbeiten. Einen Strang von 42 cm Länge rollen, 14 Teile daraus schneiden. Jedes Teil zu einer Kugel formen.
Zwei Blumen werden daraus auf das Backblech gelegt: Jede Blume besteht aus 7 Kugeln, eine als Mittelpunkt, sechs im Kreis herumgelegt.
Kräftig mit Mehl bestäuben. Die mittlere Kugel leicht mit Wasser abtupfen und Meersalz daraufstreuen.

Bunte Blumen

200 g Teig
Mohn, Sesam, Leinsamen

Diese Blumen werden ebenso wie die Kümmelblumen hergestellt. Auf dem Backblech mit Wasser überstreichen und die Kugeln unterschiedlich mit Mohn, Sesam und Leinsamen bestreuen.

Knoten

200 g Teig

Einen Teigstrang rollen und 8 Teile daraus schneiden. Jedes Teil 20 cm lang rollen und zu einem Knoten verschlingen.
In Mehl tauchen und auf das Backblech setzen.

Backzeiten:

Elektro:	230 °C fallend 180 ° C	13—14 Minuten
Gas:	3—4 fallend 2—3	13—14 Minuten

Baguette

Zutaten
700 g Brötchenteig, siehe Grundrezept Seite 107

Ergibt 2 Stück

Zubereitung

Die Hälfte der im Grundrezept angegebenen Teigmenge ergibt zwei Baguettes.
Den Teig teilen, kräftig zusammendrücken und zwei Stangen von je 40 cm rollen. Auf das Backblech legen und leicht gehen lassen.
Mit Wasser bestreichen und einige Male schräg einschneiden. In den heißen Backofen schieben und kräftig ausbacken.
Gebacken wird Baguette, wie in der Einleitung beschrieben, mit abfallender Hitze.

Backzeit:

Elektro: 230 ° C abfallend auf 180 ° C
ca. 20 Minuten
Gas: 3—4 abfallend auf 2—3 ca. 20 Minuten

Kasten-Weißbrot

Zutaten
700 g Brötchenteig, siehe Grundrezept Seite 107

Form:
Sandkuchenform ca. 35 cm

Zubereitung

Die halbe Menge Teig der im Grundrezept angebenen Menge ergibt ein Kasten-Weißbrot.
Nachdem der Teig etwas gegangen ist, ihn kräftig zusammendrücken und von allen Seiten zur Mitte legen. In eine Sandkuchenform ca. 35 cm lang einlegen und gehen lassen, bis die Form 3/4 hoch voll ist.
Vor dem Backen mit Wasser bestreichen und in der Mitte längs einschneiden.
Backen wie in der Einleitung beschrieben, mit abfallender Hitze.

Backzeit:

Elektro: 230 ° C abfallend auf 180 ° C
ca. 30 Minuten
Gas: 3—4 abfallend auf 2—3 ca. 30 Minuten

Knoblauchkranz mit Kernen, Seite 61 ▷

Dunkle Brötchen und Brote mit Kernen und Körnern

Eigentlich brauchen die folgenden Rezepte weder eine Füllung noch ein »Obendrauf«. Ein Stück frische Butter — und der Genuß ist vollendet.

Die Herstellungsweise ist bei allen Rezepten gleich einfach:
Die Teigmenge des Grundrezeptes ist abgestimmt auf die einzelnen Rezepte. Für die Brötchen, wie sie beschrieben sind, wird die doppelte Teigmenge benötigt. Nach Belieben kann die Menge der Kerne, wie Sesam, Leinsamen und Sonnenblumenkerne, erhöht werden.

Gebacken wird mit abfallender Hitze. Den Backofen auf 230 ° C erhitzen, das Gebäck in den Ofen schieben, auf 180 ° C zurückstellen und kräftig ausbacken.

Für die Brötchen werden zwei bzw. drei Bleche benötigt. Nachdem das erste Blech in den Ofen geschoben ist, diesen nur auf 200 ° C zurückstellen. Die Backzeit ist dadurch einige Minuten kürzer, aber der Ofen braucht nicht solange, bis er wieder 230 ° C erreicht hat.
In der Zwischenzeit die anderen Bleche in einen kühlen Raum stellen.

Brötchen im Umluftherd zu backen, kann ich nicht empfehlen, da diese nicht knusprig werden.

Dunkles Baguette

Zutaten

700 g Teig, s. Grundrezept Seite 108
2 gehäufte Eßlöffel Sonnenblumenkerne
2 gehäufte Eßlöffel Leinsamen
1 gehäufter Eßlöffel Buchweizen
2 gehäufte Eßlöffel Haferflocken

Zum Drehen:

100 g Roggenschrot

Ergibt 2 Stück

Zubereitung

Die Körner mischen und unter den Teig kneten, 1/2 Stunde ruhen lassen.
In zwei Teile schneiden und daraus Stränge von je 35 cm Länge rollen. Diese kräftig im Roggenschrot drehen und auf das Backblech legen. Nach ca. 20 Minuten den Teig mit einem scharfen Messer mehrmals schräg einschneiden und in den heißen Ofen schieben.
Variante: Für jeden Strang 150 Gramm Zwiebel fein schneiden, anbraten und unter den Teig drücken.

Backzeit:

Elektro: 230 ° C abfallend auf 180 ° C
ca. 28 Minuten
Gas: 3—4 abfallend auf 2—3 ca. 28 Minuten

Knoblauchkranz mit Kernen

Zutaten

700 g Teig, s. Grundrezept Seite 108
80 g Sonnenblumenkerne
100 g Sesam
60 g Leinsamen
3 Knoblauchzehen

Für 10 Personen

Zubereitung

Sonnenblumenkerne, Sesam und Leinsamen mischen. 1/4 der Körner in den Teig drücken und diesen 20 Minuten ruhen lassen.
Die Knoblauchzehen fein schneiden bzw. zerdrücken.
Den Teig zu einem ca. 70 cm langen Strang rollen und flach drücken. Die Oberfläche mit Wasser bestreichen und den Knoblauch gleichmäßig darauf verteilen, zusammenschlagen und fest zusammendrücken, damit der Knoblauch in der Mitte bleibt. Den ganzen Strang mit Wasser bestreichen und in den restlichen Körnern rollen. Auf das Backblech legen und zu einem Kranz formen. Die zusammengedrückte Naht soll nach oben zeigen, dadurch entsteht beim Backen ein rustikales Aussehen. Nach ca. 20 Minuten Ruhezeit in den heißen Backofen schieben und bei abfallender Hitze backen, s. Einleitung Seite 60.

Dazu werden verschiedene Buttersorten gereicht; z. B. leicht gesalzene Landbutter, Sardellenbutter, Tomatenbutter, Kräuterbutter oder Käsebutter:

Sardellenbutter: *8 Sardellenfilets durch ein feines Sieb streichen, mit 250 Gramm Butter vermischen.*

Tomatenbutter: *125 Gramm Butter schaumig rühren und mit 60 Gramm Tomatenpüree vermischen, mit Salz, Pfeffer und Paprika würzen.*

Käsebutter: *125 Gramm weichen Käse zerdrücken (z. B. Münsterkäse) und mit der gleichen Menge Butter vermengen.*

Kräuterbutter: *250 Gramm Butter schaumig rühren, frisch gehackte Petersilie, Schnittlauch, Kerbel, Thymian unterrühren, mit Salz, Pfeffer und etwas Zitronensaft würzen.*

Backzeit:

Elektro: 230 ° C abfallend auf 180 °C
ca. 35 Minuten
Gas: 3—4 abfallend auf 2—3 ca. 35 Minuten

Verschiedene dunkle Partybrötchen mit Kernen und Füllungen

Doppelte Teigmenge nach dem Grundrezept (siehe S. 108) herstellen, 30 Minuten zugedeckt gehen lassen.

Durch verschiedene Zutaten kann man aus einem Teig viele Variationen für das Auge und den Geschmack erzielen.
Die verschiedenen Brötchen in beliebiger Reihenfolge herstellen. Wichtig ist, daß das erste Blech sofort warm gestellt wird. Alle Sorten zusammen ergeben 56 Brötchen und werden auf zwei bzw. drei Backblechen gebacken.

Brötchen mit Roggenschrot

200 g Teig
50 g Roggenschrot

Teig zu einem Strang formen und in acht Teile schneiden. Die Außenseiten nach innen drücken, so daß Kugeln entstehen; in Roggenschrot rollen und mit der glatten Seite auf das Blech legen.

Brötchen mit Kernen

200 g Teig
4 Eßlöffel Sesam
4 Eßlöffel Leinsamen
4 Eßlöffel Sonnenblumenkerne

Die Hälfte der gemischten Kerne in den Teig drücken, diesen zu einem Strang formen und in 8 Teile schneiden; länglich drücken und von beiden Seiten zur Mitte legen. Die Brötchen ganz mit Wasser bestreichen und in den Körnern rollen.
Mit der zusammengelegten Seite nach oben auf das Blech legen.

Hörnchen mit Sesam und Mohn

200 g Teig
2 Eßlöffel Sesam
2 Eßlöffel Mohn

Den Teig in 8 Teile teilen und länglich rollen mit sich verjüngenden Spitzen. Ganz mit Wasser bestreichen und in Sesam bzw. in Mohn tauchen. In Hörnchenform auf das Blech legen.

Zwiebel-Kipferl

200 g Teig
70 g Zwiebel

Die Zwiebeln fein schneiden und in einer beschichteten Pfanne ohne Fett kräftig anbraten. Auskühlen lassen und in den Teig drücken. Zu einem Strang formen und in 8 Teile teilen. Länglich zu einem Kipferl rollen, auf das Blech legen und mit dem Messer zweimal schräg einschneiden.

◁ Verschiedene dunkle Partybrötchen mit Kernen und Füllungen, Rezepte siehe oben und Seite 65

Schinkenkränzchen

200 g Teig
80 g roher Schinken
1 Eßlöffel Roggenflocken

Den Schinken fein schneiden, anbraten und abkühlen lassen. Unter den Teig drücken und diesen in 8 Teile schneiden. Jedes Teil ca. 12 cm lang rollen und zu einem Kranz zusammendrücken. Auf das Backblech legen, mit Wasser bestreichen und Roggenflocken darüberstreuen.

Brezeln

200 g Teig
4 Eßlöffel Sesam
3 Eßlöffel Leinsamen

Den Teig in 8 Teile schneiden und kleine Stränge ca. 30 cm davon rollen. Zu Brezeln formen, mit Wasser bestreichen und in Leinsamen bzw. Sesam drücken.

Kümmelzungen

200 g Teig
1 Eßlöffel Kümmel
1 Teelöffel grobes Meersalz

Den Teig in 8 Teile teilen, flachdrücken und zu einer Zunge formen. Jedes Teil kräftig in Mehl wenden und auf das Backblech legen, ganz leicht oben mit etwas Wasser betupfen, mit Kümmel und Meersalz bestreuen.

Backzeit:

Elektro:	230 °C abfallend auf 180 °C 13—15 Minuten	
Gas:	3—4 abfallend auf 2—3	13—15 Minuten

Körner-Pizza

Zutaten

700 g Teig, s. Grundrezept Seite 108
50 g Sesam
50 g Leinsamen

Belag je nach Geschmack:

Tomatenmark, Käse, Schinken, Rohwurst, Sardellen

Zubereitung

Den Teig in 10 Teile teilen. Die Kerne mischen und den Teig darin nur von der Unterseite zu einem Durchmesser von ca. 12 cm flachdrücken.
Einige Körner bleiben übrig. Diese werden zum Schluß über den Belag gestreut.
Die Teigteile mit einem Abstand auf das Backblech legen.
Tomatenmark auf die Teigteilchen streichen, Käse, Schinken, Rohwurst und Sardellen darauf verteilen, wie bei einer Pizza. Die verschiedenen Zutaten richten sich nach dem persönlichen Geschmack und können beliebig ergänzt werden. Wichtig ist, daß genügend Belag auf den Teig kommt, da dieser bedeutend dicker als bei einer Normal-Pizza ist.
In der kalten Jahreszeit ca. 15 Minuten ruhen lassen und dann in den heißen Ofen schieben.
Die Backzeit richtet sich nach der Farbe der Unterseite, die hell bis dunkelbraun sein soll.

Backzeit:

Elektro:	180 °C	ca. 15 Minuten
Gas:	2—3	ca. 15 Minuten

Dunkle Riesenbrötchen, gefüllt

Zutaten

700 g Teig, s. Grundrezept Seite 108
100 g Sonnenblumenkerne
100 g Leinsamen
50 g Sesam

Ergibt 10 Stück

Zubereitung

Den Teig in 10 Teile teilen und jedes Teil zu einer Kugel formen. Etwas ruhen lassen und flachdrücken zu einem Kreis von ca. 12 cm ∅.
Sonnenblumenkerne, Leinsamen und Sesam mischen. Die Teigplatte von beiden Seiten mit Wasser bestreichen und in den Körnern drehen. Auf das Backblech legen und ca. 30 Minuten gehen lassen. In den heißen Ofen schieben und backen.

Als **Belag** bietet sich an:
selbst angemachter oder fertig gekaufter Käse (Obatzter) auf den flachen Brötchen mit einem Löffel verteilen, mit Radieschen und Schnittlauch verzieren.

Als **Füllung** z. B.:
Sahnemeerrettich mit geräuchertem Lachs und Preiselbeergarnitur oder
1 Blatt Salat und frisch gebratene Gänseleber oder Kalbsleber.
Bei einer Leberfüllung werden die Innenseiten der Brötchen mit Knoblauch eingerieben.

Backzeit:

Elektro:	230 ° C abfallend auf 180 °C ca. 28 Minuten
Gas:	3—4 abfallend auf 2—3 ca. 28 Minuten

Kastenbrot mit Kernen

Zutaten

700 g Teig s. Grundrezept Seite 108
100 g Sonnenblumenkerne
100 g Sesam
100 g Roggenflocken
100 g Leinsamen

Form: Sandkuchenform ca. 35 cm

Zubereitung

Die Hälfte der Körner unter den Teig kneten und ca. 1/2 Stunde ruhen lassen.
Den Teig kräftig zusammendrücken und länglich formen. Ganz mit Wasser bestreichen und in den restlichen Körnern rollen.
In die Kastenform geben und gehen lassen. Ist diese 3/4 hoch gefüllt, mit einem scharfen Messer das Brot der Länge nach einschneiden und in den heißen Backofen schieben. Mit abfallender Hitze backen, wie in der Einleitung beschrieben.

Variante: Kräuterbrot
Fein geschnittene Kräuter passen vorzüglich in dieses Brot. Dazu werden frische Kräuter je nach Geschmack fein geschnitten und unter den Teig geknetet.

Backzeit:

Elektro:	230 ° C abfallend auf 180 ° C ca. 30—35 Minuten
Gas:	3—4 abfallend auf 2—3 ca. 30—35 Minuten

◁ Dunkle Riesenbrötchen, gefüllt, Rezept siehe oben

Brotlaib

Zutaten

700 g Teig, s. Grundrezept Seite 108
100 g Sonnenblumenkerne
100 g Haferflocken
50 g Sesam
50 g Leinsamen

Zum Bestreuen:

100 g Roggenflocken

Zubereitung

Sonnenblumenkerne, Haferflocken, Sesam und Leinsamen mischen und kräftig unter den Teig drücken. Diesen mit einem Tuch abgedeckt etwas gehen lassen.
Nach ca. 20 Minuten zusammendrücken und zu einem Brotlaib oder Kipf formen. Auf das Backblech legen und mit Wasser bestreichen.
Die Roggenflocken aufstreuen, je nach Raumtemperatur 10—20 Minuten ruhen lassen (nur ganz schwach gehen lassen) und in den heißen Backofen schieben.

Backzeit:

Elektro: 230° C 45—50 Minuten bis 180° C
siehe Einleitung Seite 60
Gas: 2—3 abfallend Stufe 2 45—50 Minuten

Chili-Strudel, Seite 72 ▷

Gemüsestrudel

Eine Anregung für Frühling — Sommer — Herbst — und Winter und natürlich auch für zwischendurch.

Passendes Gemüse für Strudel gibt es das ganze Jahr über. Alle Rezepte sind auf die Normblechgröße von 35 x 40 cm abgestimmt.
Die Teigmenge ist für alle Strudel gleich: 420 Gramm.

Den Strudelteig herstellen, wie es im Grundrezept beschrieben ist, mit einem Tuch abdecken und ruhen lassen.
Während der Ruhepause kann die Füllung, wie bei den einzelnen Rezepten beschrieben, zubereitet werden. Der Teig wird etwas dicker als beim Apfelstrudel ausgerollt, da das Gemüse kompakter ist und er sonst reißen würde.
Ist der Teig auf die entsprechende Größe ausgerollt, wird er auf ein Küchentuch gelegt und etwas nachgezogen. Die Füllung wird nur bis zwei Finger breit zum Rand gelegt, damit diese nicht ausbacken kann.

Mit Hilfe des Küchentuches wird der Strudel aufgerollt und auf das Backblech gehoben.

Der Teig für den Blumenkohlstrudel wird auf Kernen ausgerollt. Dies ist je nach Belieben bei allen Strudeln möglich.

Die angegebenen Backzeiten sind Richtlinien. Wenn der Strudel goldgelb ist und beim Betasten leicht federt, kann er aus dem Ofen genommen werden.

Chili-Strudel — sehr scharf

Zutaten

200 g Schweinebauch
2 grüne Paprika
1000 g dunkle rote Bohnen (aus der Dose)
500 g weiße Bohnen (aus der Dose)
180 g frische Chili-Schoten
750 g passiertes Tomatenfruchtfleisch (fertig gekauft)
3 Eier
frische Basilikumblätter
Salz, Pfeffer, Paprika
420 g Strudelteig, s. Grundrezept Seite 109

Ergibt ca. 10 Portionen

Zubereitung

Den Schweinebauch in Würfel schneiden und andünsten. Paprika in kleine Stücke schneiden und mitdünsten.
Die Bohnen — dunkelrot und weiß aus der Dose — gut abtropfen lassen. Chili-Schoten fein schneiden, das Tomatenfruchtfleisch mit den Eiern und dem Basilikum verrühren und mit Salz, Pfeffer und Paprika würzen.
Alles zusammen locker untereinander heben.

Den Strudelteig 35 x 40 cm ausrollen und auf ein Tuch legen. Die Füllung mit einem Rand auf dem Teig verteilen und den Strudel zusammenrollen. Auf das gebutterte Backblech legen, in den heißen Ofen schieben und backen.

Backzeit:

Elektro:	180 ° C	ca. 40 Minuten
Gas:	2—3	ca. 40 Minuten
Umluft:	170 ° C	ca. 35 Minuten

Blumenkohlstrudel

Zutaten

1500 g Blumenkohl
250 g roher Schinken
150 g Zwiebel
10 g Butter
0,1 l flüssige Sahne (1/2 Becher)
3 Eier
Salz, Pfeffer, Muskat

420 g Strudelteig, s. Grundrezept Seite 109
50 g Leinsamen
50 g Sonnenblumenkerne
50 g Sesam

Zum Überpinseln:
0,2 l flüssige Sahne (1 Becher)

Zum Überstreuen:
100 g geriebener Käse

Ergibt ca. 10 Portionen

Zubereitung

Den Blumenkohl putzen, in Röschen teilen und in Salzwasser blanchieren.
Den Schinken in Würfel schneiden und anbraten. Die feingeschnittene Zwiebel mit der Butter andünsten. Die Hälfte des Blumenkohls, überwiegend die Stiele, mit dem Schneidestab der Küchenmaschine zu einem Mus verarbeiten. In eine Schüssel geben, die flüssige Sahne und die Eier darunterrühren. Mit Salz, Pfeffer und Muskat abschmecken. Den gebratenen Schinken, die Zwiebel und die Blumenkohlröschen unterheben.

Den Strudelteig auf den Körnern 35 x 40 cm ausrollen und den Strudel auf ein Tuch legen. Die Blumenkohlmasse mit einem kleinen Rand Abstand darauf verteilen und den Strudel zusammenrollen. Auf das gebutterte Backblech legen und in den heißen Ofen schieben. Nach 20 Minuten mit der Hälfte der flüssigen Sahne übergießen. Nach weiteren 10 Minuten mit dem Rest überpinseln und den geriebenen Käse darüberstreuen.

Backzeit:

Elektro:	180° C	ca. 40 Minuten
Gas:	2—3	ca. 40 Minuten
Umluft:	170° C	ca. 35 Minuten

Frühlings-, Sommer-, Herbst-(Wirsing-) und Winter-(Rotkohl-)Strudel, Seite 76 und 77 ▷

Frühlingsstrudel

Zutaten

Kalbfleischfarce:
150 g Kalbfleisch
0,15 l flüssige Sahne
Salz Pfeffer

250 g Zwiebel
20 g Butter

500 g Karotten
1 Salatgurke
6 Frühlingszwiebeln
1 Eßlöffel Petersilie
Salz und Pfeffer
100 g Spinat

420 g Strudelteig, s. Grundrezept Seite 109

Zum Überstreichen:
0,1 l flüssige Sahne (1/2 Becher)

Ergibt ca. 10 Portionen

Zubereitung

Zuerst die Kalbfleischfarce herstellen.
Dazu das eisgekühlte und in Würfel geschnittene Kalbfleisch mit der eisgekühlten flüssigen Sahne im Hacker der Küchenmaschine zu einer glatten Farce verarbeiten. Mit Salz und Pfeffer aus der Mühle abschmecken.
Die Zwiebeln fein schneiden und in Butter anschwitzen. Karotten in Würfel schneiden und in Salzwasser blanchieren. Salatgurke, Frühlingszwiebeln und Petersilie fein schneiden. Alles zusammen vermengen und mit Salz und Pfeffer abschmecken. Spinat ganz kurz blanchieren und abkühlen lassen.
Den Strudelteig 35 x 40 cm ausrollen und auf ein Tuch legen. Zuerst mit dem Spinat belegen und mit frisch gemahlenem Pfeffer würzen. Die Fleisch- und Gemüsefüllung gleichmäßig darauf verteilen und den Strudel zusammenrollen. In den heißen Backofen schieben und goldgelb backen. Während des Backens 2 x mit flüssiger Sahne bestreichen.

Backzeit:

Elektro:	180 °C	40 Minuten
Gas:	2—3	40 Minuten
Umluft:	170 °C	35 Minuten

Sommerstrudel

Zutaten

750 g Tomaten
1 rote Paprika
1 grüne Paprika
2 Auberginen
2 Zucchini
1 kleine Zwiebel
20 g Butter
Rosmarin, Thymian, Majoran
Salz und Pfeffer

420 g Strudelteig, s. Grundrezept Seite 109

Zum Bestreichen:
1 verquirltes Ei

Ergibt ca. 10 Portionen

Zubereitung

Die Tomaten abziehen, entkernen und würfeln.
Die rote und grüne Paprika putzen und in dünne Streifen schneiden. Die Auberginen und die Zucchinis halbieren und in feine Scheiben schneiden. Die Zwiebel würfeln, zart in Butter andünsten, die Kräuter zugeben, sowie die Paprika. Zusammen ca. 3 Minuten anschwitzen. Zucchini und Auberginen zugeben, nochmals 1 Minute dünsten und vom Feuer nehmen. Die Tomatenwürfel unterheben und mit Salz und Pfeffer würzen.
Den Teig 35 x 40 cm ausrollen und auf ein Tuch legen. Das Gemüse mit einem kleinen Rand auf dem Teig verteilen und den Strudel zusammenrollen. Auf das gebutterte Backblech legen, mit einem verquirlten Ei bestreichen und in den heißen Ofen schieben, goldgelb backen.

Backzeit:

Elektro:	180 °C	40 Minuten
Gas:	2—3	40 Minuten
Umluft:	170 °C	35 Minuten

Herbststrudel

Zutaten

1,5 kg Wirsing
250 g Zwiebel
30 g Butter
1/4 l flüssige Sahne
Salz und Pfeffer
1 Knoblauchzehe
1/2 Teelöffel Kümmel
1 Teelöffel rote Pfefferkörner
100 g Speck

420 g Strudelteig, s. Grundrezept Seite 109

Zum Überpinseln:

40 g Butter

Ergibt ca. 10 Portionen

Zubereitung

Den Wirsing fein schneiden und in Salzwasser blanchieren. Die Zwiebel würfeln und in Butter andünsten.
Den Wirsing mit der flüssigen Sahne in einen Topf geben und einkochen lassen, bis die gesamte Sahne aufgesogen ist.
Zwiebelwürfel zugeben, mit Salz und Pfeffer abschmecken, die Knoblauchzehe zerdrücken, mit dem Kümmel und dem roten Pfeffer darunterrühren.
Den Speck fein schneiden, anbraten und dazugeben.
Den Strudelteig 40 x 40 cm ausrollen und auf ein Tuch legen. Den Wirsing darauf verteilen und den Strudel zusammenrollen. Auf das gebutterte Backblech legen und in den heißen Backofen schieben. Während des Backens 2 x mit flüssiger Butter überpinseln.

Backzeit:

Elektro:	180 °C	ca. 40 Minuten
Gas:	2—3	ca. 40 Minuten
Umluft:	170 °C	ca. 35 Minuten

Winterstrudel

Zutaten

1,8 kg Blaukraut (Rotkohl)
30 g Butter, 3 Eßlöffel Zucker
0,05 l Essig
2 mittelgroße Zwiebeln
100 g Dörrpflaumen ohne Stein
100 g Rosinen
1 Eßlöffel Wacholderbeeren, im Mörser zerkleinert
1 Zimtstange, 2 Nelken, 1 Teelöffel Korianderkörner
Salz und Pfeffer
0,15 l Wasser, 0,15 l Rotwein, 1 Lorbeerblatt
1 kg Äpfel

420 g Strudelteig, s. Grundrezept Seite 109

Zum Überpinseln:

50 g Butter

Ergibt ca. 10 Portionen

Zubereitung

Das Blaukraut nicht zu fein hobeln. In einem Topf die Butter schmelzen und den Zucker zugeben. Der Zucker muß karamelisiert bzw. ganz aufgelöst sein. Das Blaukraut darunterheben und zwei Minuten anschwitzen. Den Essig und die fein gehackten Zwiebeln zugeben. Die Dörrpflaumen kleinschneiden, mit den Rosinen, Wacholderbeeren, Zimtstange, den Nelken und dem Koriander darunterrühren. Mit Salz und Pfeffer abschmecken.
Das Wasser, den Rotwein und das Lorbeerblatt zugeben und kräftig durchrühren. Abgedeckt ca. 1/2 Stunde dünsten lassen. Während dieser Zeit mehrmals durchrühren. Das Blaukraut muß noch bißfest sein; überschüssige Flüssigkeit abgießen.
Die Äpfel schälen, entkernen, fein schneiden und unter das Blaukraut heben. Von der Feuerstelle nehmen und abkühlen lassen.
Den Strudelteig 40 x 40 cm ausrollen und auf ein Tuch legen. Das Kraut gleichmäßig mit einem kleinen Rand auf dem Teig verteilen und den Strudel zusammenrollen. Auf das gebutterte Backblech legen und in den heißen Ofen schieben. Während des Backens mit Butter bepinseln.

Backzeit:

Elektro:	180 °C	40 Minuten
Gas:	2—3	40 Minuten
Umluft:	170 °C	35 Minuten

Südsee-Strudel

Zutaten

200 g frische Ananas
200 g Kompott-Kürbis
50 g kandierter Ingwer
50 g Erdnüsse
20 g Hawaii-Nüsse (Macadamia-Nüsse)
20 g Kürbiskerne
100 g Rosinen
20 g Kokosraspeln
200 g Shrimps
250 g frische Soja- oder Bohnensprossen
1 Teelöffel Safranfäden
1 Eßlöffel Currypulver
2 Eßlöffel Sojasauce

420 g Strudelteig, s. Grundrezept Seite 109

Zum Bestreichen:

1 verquirltes Ei

Ergibt ca. 10 Portionen

Zubereitung

Für diesen Strudel werden alle Zutaten in eine Schüssel gegeben.

Die frische Ananas schälen und in kleine Stücke schneiden. Kompott-Kürbis (fertig gekauft) abtropfen lassen und einmal durchschneiden, den kandierten Ingwer fein hacken, die Erd- und Hawaiinüsse zerdrücken (am besten mit dem Rollholz). Die Kürbiskerne fein hacken. Die Shrimps gegebenenfalls abtropfen lassen. Frische Soja- oder Bohnensprossen verwenden, keine Dosenware, da diese beim Backen zusammenfällt.
Safranfäden, Currypulver und Sojasauce darübergeben und alles gut, aber locker mischen.
Den Strudelteig 40 x 40 cm ausrollen und auf ein Tuch legen. Die Füllung mit Abstand vom Rand verteilen und den Strudel zusammenrollen. Auf das gebutterte Backblech legen und mit einem verquirlten Ei bestreichen. In den heißen Ofen schieben und goldgelb backen.

Backzeit:

Elektro:	180° C	ca. 40 Minuten
Gas:	2—3	ca. 40 Minuten
Umluft:	170° C	ca. 35 Minuten

◁ Südsee-Strudel, Rezept siehe oben

Tomatenstrudel

Zutaten

Quarkfüllung:

3 Zwiebelschloten
(das Grün von Frühlingszwiebeln)
1 kleiner Bund Schnittlauch
1/2 Knoblauchzehe
700 g Quark, mager (20 %)
0,1 l Milch
4 Eigelb
70 g flüssige Butter
Salz und Pfeffer
4 Eiweiß
1 kg Tomaten
150 g Knoblaucholiven, schwarz

420 g Strudelteig, s. Grundrezept Seite 109

Zum Überpinseln:

0,1 l flüssige Sahne (1/2 Becher)

Ergibt ca. 10 Portionen

Zubereitung

Die Zwiebelschloten und den Schnittlauch schneiden. Je nach Geschmack eine halbe bis eine Knoblauchzehe zerdrücken.
Den Quark mit der Milch und den Eigelben verrühren. Die flüssige Butter daruntergeben; alles zusammen vermengen und mit Salz und Pfeffer abschmecken.
Eiweiß zu Schnee schlagen und unterheben. Tomaten häuten, die Kerne herausdrücken und das Fruchtfleisch in Würfel schneiden. Die Knoblaucholiven fein hacken.
Den Strudelteig 35 x 40 cm ausrollen und auf ein Tuch legen. Die Quarkmasse mit einem kleinen Rand Abstand daraufstreichen. Die Tomatenwürfel und die Oliven darüber verteilen und den Strudel zusammenrollen.
Während des Backens 2 x mit flüssiger Sahne überpinseln.

Backzeit:

Elektro:	180 °C	ca. 40 Minuten
Gas:	2—3	ca. 40 Minuten
Umluft:	170 °C	ca. 35 Minuten

Krautstrudel

Zutaten

ca. 2 kg Weißkraut
1 Brötchen
50 g Zwiebel
20 g Butter
1 große Knoblauchzehe
300 g gemischtes Hackfleisch
1 Ei
Salz und Cayennepfeffer, Kümmel

420 g Strudelteig, s. Grundrezept Seite 109
0,3 l klare Fleischbrühe (Bouillon)

Ergibt ca. 10 Portionen

Zubereitung

Die Weißkrautblätter in Salzwasser blanchieren und abkühlen lassen. Diese Blätter in Streifen schneiden, harte Rippen entfernen. Ein altes Brötchen in Wasser einweichen. Die Zwiebeln feinschneiden und in Butter andünsten. Die Knoblauchzehe hacken und zerdrücken. Das fertig gekaufte Hackfleisch mit der Zwiebel, dem Knoblauch, dem Ei und dem Brötchen vermengen, mit Salz, Cayennepfeffer und Kümmel kräftig abschmecken. Das Weißkraut unter das Fleisch mischen.
Den Strudelteig 35 x 40 cm ausrollen und auf ein Tuch legen. Die Masse auf den Teig verteilen, einen kleinen Rand lassen und zusammenrollen. In den heißen Backofen schieben und backen. Während des Backens 3 x mit einer kräftigen Brühe übergießen bzw. überpinseln.

Backzeit:

Elektro:	180 °C	ca. 40 Minuten
Gas:	2—3	ca. 40 Minuten
Umluft:	170 °C	ca. 35 Minuten

Spinatrahmtörtchen, Seite 84 und Käsküchle, Seite 85 ▷

Wähen* und Gemüsekuchen

Mit Sicherheit werden diese köstlichen Kuchen viele Freunde finden.
Der Zeitaufwand ist gering und sie sind wirklich problemlos zu backen. Der Teig kann einen Tag im voraus gemacht werden und über Nacht abgedeckt im Kühlschrank ruhen.

Als Belag eignet sich jedes Gemüse, der Jahreszeit entsprechend. Die Rezeptmenge muß genau eingehalten werden, so wird das Lieblingsgemüse mit oder ohne Schinken, Käse oder Fisch zum Gaumenschmaus. Diese Kuchen passen zu Wein und Bier.

Ist die Backform etwas kleiner, wird der Kuchen entsprechend dicker und die Backzeit dauert einige Minuten länger.

Der Gemüsekuchen sollte grundsätzlich zart gebacken werden, beim Betasten der Oberfläche muß er leicht federn. Ratsam ist es, daß man den Boden, bevor der Kuchen aus dem Ofen genommen wird, anschaut. Dazu mit dem Messer den Rand etwas anheben, um zu sehen, ob der Kuchen unten goldgelb ist. Sonst noch einige Minuten direkt auf die Bodenfläche des Ofens schieben.

Gemüsekuchen kann schon einige Stunden vor dem Verzehr vorbereitet werden. Vor dem Servieren kurz in den heißen Ofen oder in die Mikrowelle schieben.

* Schweizer Bezeichnung für eine Kuchenspezialität, eine Art Fladen mit dünnem Teig und süßem oder pikanten Belag.

Spinatrahmtörtchen

Zutaten

Teig:
480 g, s. Grundrezept, Seite 110
40 g geriebener Käse

Füllung:
1 große Zwiebel
25 g Butter
500 g frischer Blattspinat
1 mittelgroße Knoblauchzehe

Sahnesauce:
0,12 l flüssige Sahne
3 Eier
Salz, Muskat

Förmchen: Höhe ca. 3 cm, ∅ ca. 5 cm *
Stückzahl: ca. 24

Zubereitung

Die kleinen Förmchen buttern.
Den Teig nicht auf Mehl, sondern auf geriebenem Käse ausrollen, ausstechen und die Förmchen damit auslegen.
Die Zwiebel fein schneiden und in der Butter in einer Kasserolle glasig werden lassen. Den etwas zerkleinerten Blattspinat und den zerdrückten Knoblauch zugeben, andünsten und abkühlen lassen.
Die flüssige Sahne mit den Eiern gut verrühren, mit Salz und Muskat abschmecken.
Den ausgekühlten Spinat kuppelförmig in die Förmchen verteilen. Die Sahnesauce darübergießen und die Spinattörtchen in den vorgeheizten Ofen schieben.

Backzeit:

Elektro:	180 °C	25—30 Minuten
Gas:	2—3	ca. 25—30 Minuten
Umluft:	170 °C	25—28 Minuten

* Bei größeren Förmchen verlängert sich die Backzeit und ändert sich die Stückzahl.

Käsküchle

Zutaten

Teig:
480 g, s. Grundrezept, Seite 110

Belag:
200 g geriebener Emmentaler

Sahnesoße:
0,22 l flüssige Sahne (etwas mehr als 1 Becher)
4 Eier
1 Eigelb
Salz, Pfeffer und Muskat

Backförmchen, Höhe ca. 3 cm, ∅ ca. 5 cm *

Stückzahl: ca. 24 Stück

Zubereitung

Die Förmchen mit dem Teig auslegen. Den geriebenen Käse gleichmäßig darin verteilen.
Die flüssige Sahne mit den Eiern glattrühren und mit Salz, Pfeffer und Muskat abschmecken. Wenig Soße über den Käse gießen. Dieser Vorgang muß mehrmals wiederholt werden, bis die gesamte Soße aufgebraucht ist. In den heißen Backofen schieben und die Käsküchle goldgelb backen.

Backzeit:

Elektro:	180 °C	25—30 Minuten
Gas:	2—3	25—30 Minuten
Umluft:	170 °C	22—27 Minuten

* Bei größeren Förmchen verlängert sich die Backzeit und ändert sich die Stückzahl.

Zwiebelkuchen

Zutaten

Teig:
480 g, s. Grundrezept, Seite 110

Belag:
1,4 kg Zwiebeln
50 g Butter
300 g roher Schinken

Sahnesoße:
2 Eier
1 Eigelb
15 g Mehl
1/4 l Milch
1/8 l flüssige Sahne
Salz, Pfeffer und Paprika

Form:
Flache Form mit niedrigem Rand, ∅ ca. 30 cm

Ergibt ca. 12 Portionen

Zubereitung

Die Form mit dem Teig auslegen.
Die Zwiebeln schälen und in feine Würfel schneiden. In einer Kasserolle in der Butter andünsten und abkühlen lassen. Den kleingeschnittenen rohen Schinken kräftig anbraten.
Die Eier, das Eigelb, das Mehl und etwas Milch in einer Schüssel verrühren. Wenn diese Masse glatt ist, die restliche Milch und die Sahne dazugeben; mit Salz, Pfeffer und Paprika kräftig abschmecken.
Den angebratenen Schinken unter die ausgekühlten Zwiebeln heben und in der Form ganz locker verteilen. Die Soße darübergießen und den Zwiebelkuchen in den vorgeheizten Ofen schieben.

Backzeit:

Elektro:	180 °C	ca. 35 Minuten
Gas:	2—3	ca. 35 Minuten
Umluft:	170 °C	ca. 30—32 Minuten

Kartoffelwähe

Zutaten

Teig:
480 g s. Grundrezept, Seite 110

Belag:
1400 g Kartoffeln
250 g Speck
250 g Zwiebel
Salz, Pfeffer, Kümmel
frische Kräuter:
Thymian, Rosmarin, Majoran
evtl. etwas Knoblauch

Sahnesoße:
0,3 l flüssige Sahne
7 Eier
Salz

Form:
Flache Form mit niedrigem Rand ca. 30 cm ∅

Ergibt ca. 8 Portionen

Zubereitung

Teig ausrollen und die Form damit auslegen.
Rohe Kartoffeln schälen und fein hobeln. Den Speck und die Zwiebeln fein schneiden und leicht anbraten; die gehobelten Kartoffeln darunterheben und kurz mitdünsten. Mit Salz, Pfeffer, Kümmel, Thymian, Rosmarin und Majoran abschmecken. Wer mag, würzt noch mit etwas Knoblauch aus der Knoblauchpresse.
Die Sahne und die Eier mit dem Schneebesen etwas schaumig rühren und mit Salz abschmecken. Die Kartoffeln in der Backform locker verteilen, die Sahnesoße darübergießen und die Kartoffelwähe in den vorgeheizten Ofen schieben.

Backzeit:

Elektro:	180 °C	ca. 35 Minuten
Gas:	2—3	ca. 35 Minuten
Umluft:	170 °C	ca. 30—32 Minuten

Sauerkrautwähe

Zutaten

Teig:
480 g s. Grundrezept, Seite 110

Belag:
1 kg frisches Sauerkraut
1/2 l trockener Weißwein
3 Teelöffel Kümmel
1 Teelöffel Bienenhonig
10 kleine oder 5 große Schweinsbratwürste

Sahnesauce:
0,3 l flüssige Sahne
7 Eier
Prise Salz, etwas Pfeffer aus der Mühle

Form:
Flache Form mit niedrigem Rand ca. 30 cm ∅

Ergibt ca. 8 Portionen

Zubereitung

Den Teig ausrollen und in die gebutterte Form mit Rand legen. Das Sauerkraut mit dem Weißwein, dem Bienenhonig und dem Kümmel in einem Kochtopf solange unter ständigem Rühren dünsten, bis der Weißwein aufgesogen ist. Von der Feuerstelle nehmen und abkühlen lassen.
In einer Pfanne die Bratwürste bei starker Hitze kurz anbraten. Die Würste in kleine Stücke schneiden und unter das Sauerkraut heben. Die Füllung locker auf dem Teig verteilen.
Alle Zutaten für die Sauce gut verrühren, mit Salz und Pfeffer abschmecken und über den Kuchen gießen. Die Wähe in den vorgeheizten Ofen schieben.

Backzeit:

Elektro:	180 °C	35 Minuten
Gas:	2—3	35 Minuten
Umluft:	170 °C	30—33 Minuten

◁ Kartoffelwähe, Rezept siehe oben

Blumenkohl-Wähe

Zutaten

Belag:
1,3 kg Blumenkohlröschen
150 g Speck

Teig:
480 g s. Grundrezept, Seite 110

Sahnesoße:
0,2 l flüssige Sahne (1 Becher)
5 Eier
Salz, Pfeffer, Muskat

Form:
Flache Form mit niedrigem Rand, ca. 30 cm ∅

Ergibt ca. 8 Portionen

Zubereitung

Blumenkohl waschen und die Röschen in Salzwasser blanchieren. Den Speck fein schneiden und leicht anbraten; beides auskühlen lassen.
Den Teig ausrollen und die gebutterte Form damit auslegen. Den Blumenkohl gleichmäßig locker auf dem Teig verteilen und den angebratenen Speck darüberstreuen.
Die flüssige Sahne mit den Eiern glattrühren, mit Salz, Pfeffer und Muskat kräftig abschmecken und über den Kuchen gießen. Die Wähe in den heißen Backofen schieben und backen.

Backzeit:

Elektro:	180 ° C	35 Minuten
Gas:	2—3	35 Minuten
Umluft:	170 ° C	30—33 Minuten

Lauchkuchen

Zutaten

Belag:
200 g geräuchertes Bündle (Schweinebauch)
2,2 kg Lauch
50 g Butter
150 g geriebener Käse

Teig:
480 g s. Grundrezept, Seite 110

Sahnesoße:
0,2 l flüssige Sahne (1 Becher)
0,25 l Milch
8 Eier
3 Eigelb
Salz, Pfeffer

Form:
Backblech, ca. 40 x 34 cm

Zubereitung

Das geräucherte Bündle oder den Schweinebauch fein schneiden und leicht anbraten.
Den Lauch waschen, putzen und in ca. 2 cm breite Streifen schneiden; in der Butter andünsten und auskühlen lassen.
Den Teig ausrollen und auf das Blech legen. Das Gemüse mit dem Bündle mischen und ganz locker auf dem Backblech verteilen. Geriebenen Käse darüberstreuen.
Sahne, Milch, Eier und Eigelb verrühren, mit Salz und Pfeffer abschmecken und über den Kuchen gießen. Den Lauchkuchen in den heißen Backofen schieben und zart ausbacken.

Backzeit:

Elektro:	180 ° C	35 Minuten
Gas:	2—3	35 Minuten
Umluft:	170 ° C	30—33 Minuten

Zucchini-Schnitte, Seite 92 ▷

Zucchini-Schnitte

Zutaten

Teig:
480 g siehe Grundrezept, Seite 110

Belag:
1600 g Zucchini
1 große Zwiebel
50 g Butter
1 große Knoblauchzehe

50 g Semmelbrösel

Sahnesoße:
0,3 l flüssige Sahne
7 Eier
Prise Salz, Pfeffer
frischer Rosmarin

evtl. 1 Dose Thunfisch, natur
Thymian, feingehackt

Form:
Blech ca. 40 x 34 cm

Zubereitung

Das Kuchenblech leicht buttern; den Teig ausrollen und auf das Blech legen. Die Semmelbrösel darüberstreuen.
Zucchini waschen, quer halbieren und in feine Scheiben schneiden. Die Zwiebel fein schneiden und in der Kasserolle mit der Butter kräftig anrösten. Den zerdrückten Knoblauch und die Zucchini zugeben und leicht andünsten. Auf dem Kuchenblech verteilen.
Die flüssige Sahne mit den Eiern, Salz und Pfeffer gut verrühren und über den Kuchen gießen. In den vorgeheizten Ofen schieben und zart ausbacken.
Besonders herzhaft schmeckt diese Schnitte mit Thunfisch:
Den zerkleinerten Thunfisch über den Zucchini verteilen, etwas Rosmarin und Thymian darüberstreuen und erst dann die Sahnesoße darübergießen.

Backzeit:

Elektro:	180 °C	35 Minuten
Gas:	2—3	35 Minuten
Umluft:	170 °C	30—33 Minuten

Schwammerl-Wähe

Zutaten

Teig:
480 g siehe Grundrezept, Seite 110

Belag:
800 g Schwammerl (Pfifferlinge)
125 g Petersilie
150 g Zwiebeln
100 g roher Schinken

Sahnesoße:
1/4 l flüssige Sahne
6 Eier
Salz, Pfeffer

Form:
Flache Form mit niedrigem Rand, ca. 30 cm ∅

Ergibt ca. 8 Portionen

Zubereitung

Den Teig ausrollen und in die gebutterte Form legen. Die Schwammerl putzen, die größeren Pilze durchschneiden. Es können auch gemischte Pilze, auf dem Markt gekauft oder im Wald selbst gesucht, an Stelle der Schwammerl verwendet werden.
Petersilie waschen, schneiden und etwas anschwitzen.
Die Zwiebeln und den rohen Schinken fein schneiden und anbraten. Die Pilze dazugeben und nur ganz kurz mitdünsten. Zusammen mit der Petersilie in der Kuchenform verteilen.
Die flüssige Sahne mit den Eiern glattrühren, mit Salz und Pfeffer abschmecken und über den Kuchen gießen. In den heißen Backofen schieben und zart ausbacken.

Backzeit:

Elektro:	180 °C	35 Minuten
Gas:	2—3	35 Minuten
Umluft:	170 °C	30—33 Minuten

Zwiebel-Tomatenwähe mit Sardellen

Zutaten

Teig:
480 g s. Grundrezept, Seite 110

Belag:
750 g Zwiebel
50 g Butter
je 1 Prise Salz, Pfeffer, frisches Oregano, Basilikum
2 Knoblauchzehen
750 g Tomaten
8 Sardellenfilets

Sahnesoße:
1/4 l flüssige Sahne
6 Eier
Salz

Form:
Flache Form mit niedrigem Rand, ca. 30 cm ∅

Ergibt ca. 8 Portionen

Zubereitung

Die Kuchenform ausbuttern und mit dem ausgerollten Teig auslegen.
Die Zwiebeln fein schneiden und in der Butter andünsten. Mit den Gewürzen kräftig abschmecken. Die zerdrückten Knoblauchzehen dazugeben und von der Feuerstelle nehmen.
Die Tomaten kurz mit heißem Wasser überbrühen und häuten, halbieren, die Kerne entfernen, das Fruchtfleisch in grobe Würfel schneiden und unter die Zwiebelmasse heben.
Die Hälfte dieser Zwiebel-Tomatenfüllung auf dem Teig verteilen. Die Sardellenfilets auflegen und die restliche Füllung darübergeben.
Die flüssige Sahne mit den Eiern gut verrühren, mit einem Hauch Salz abschmecken und über den Kuchen gießen. Die Wähe in den vorgeheizten Ofen schieben.

Backzeit:

Elektro:	180 °C	35 Minuten
Gas:	2—3	35 Minuten
Umluft:	170 °C	30—33 Minuten

Kohlrabi-Schnitte

Zutaten

Teig:
480 g s. Grundrezept, Seite 110

Belag:
2 kg kleine Kohlrabi
150 g Petersilie

Zum Überstreuen:
150 g geräucherter Speck oder
150 g geriebener Emmentaler

Sahnesoße:
0,3 l flüssige Sahne
0,1 l Milch
8 Eier
2 Eigelb
Salz und Pfeffer, Muskat

Form:
Blech, ca. 40 x 34 cm

Zubereitung

Den gekühlten Teig ausrollen und das gebutterte Blech damit belegen.
Kohlrabi schälen, halbieren und in dünne Scheiben schneiden. In Salzwasser solange blanchieren, bis die Scheiben schön zart sind. Vorsichtig aus dem Wasser nehmen und abkühlen lassen.
Die Petersilie waschen, schneiden und leicht andünsten. Das Gemüse und die Petersilie gleichmäßig locker auf dem Teig verteilen.
Zwei Varianten bieten sich an:
entweder gebratenen Speck oder geriebenen Emmentaler über dem Gemüse verteilen.
In einer Schüssel flüssige Sahne, Milch, Eier und Eigelb glattrühren und mit Salz und Pfeffer abschmecken. Über den Kuchen gießen und die Kohlrabischnitte in den heißen Backofen schieben.

Backzeit:

Elektro:	180 °C	ca. 35 Minuten
Gas:	2—3	ca. 35 Minuten
Umluft:	170 °C	30—32 Minuten

Pastetentorte

Zutaten

Teig:
700 g Mehl
350 g Butter
0,1 l flüssige Sahne
5 Eigelb
15 g Salz

Füllung:
3 Schalotten
20 g Butter
500 g Stangensellerie
500 g Kalbsgeschnetzeltes
4 Knoblauchzehen
Salz und Pfeffer aus der Mühle
1 Eßlöffel Mehl
0,07 l flüssige Sahne

Zum Bestreichen:
1 Ei

Form:
Flache Form mit Rand ca. 30 cm ∅

Zubereitung

Für den Teig das Mehl abwiegen und auf der Arbeitsfläche einen Kranz bilden. In die Mitte die temperierte Butter, flüssige Sahne, die Eigelbe und das Salz geben. Alle Zutaten zusammen vermengen, zu einem Teig arbeiten und kühlstellen.
Die Schalotten fein schneiden und in der Butter glasig werden lassen. Den Stangensellerie in feine Streifen schneiden und mitdünsten.
Das geschnetzelte Kalbfleisch kurz anbraten, bis die Poren vom Fleisch geschlossen sind, und mit dem Gemüse mischen. Die Knoblauchzehen hacken, zerdrücken und daruntergeben. Mit Salz und Pfeffer aus der Mühle würzen. Das Mehl über die Füllung stäuben und mit der Sahne ablöschen. Gut durchrühren und abkühlen lassen.
Etwas mehr als die Hälfte des Teiges ausrollen und in die Form mit Rand legen, den Teigrand etwas hochziehen.

Die abgekühlte Füllung gleichmäßig darauf verteilen. Den restlichen Teig ausrollen und als Deckel auflegen. In die Mitte ein Loch von ca. 2 cm einstechen, damit der Dampf beim Backen entweichen kann.
Etwas Teig bleibt übrig. Diesen dünn ausrollen, Blumen davon ausstechen und auflegen. Mit einem verquirlten Ei bestreichen und in den heißen Backofen schieben und goldgelb backen.

Backzeit:

Elektro:	180° C	35—40 Minuten
Gas:	2—3	35—40 Minuten
Umluft:	170°C	30—35 Minuten

◁ Pastetentorte, Rezept siehe oben

Salattorte

Zutaten

Für den Boden bzw. Deckel:
300 g Mehl
8 g Salz
15 g Hefe
15 g Malz
0,18 l Wasser
30 g Sesam
30 g Leinsamen
30 g Sonnenblumenkerne

Salat:
1 Kopf Frisée
1 Eissalat
1 mittelgroße Gurke
3 Tomaten
2 rote Paprika
2 gelbe Paprika

Salatsauce:
750 g Magerquark
gut 1/4 l Olivenöl
0,05 l Essig
Saft einer halben Zitrone
3 Prisen Salz
etwas Pfeffer aus der Mühle
2 Teelöffel Zucker
1/3 Bund Schnittlauch
0,4 l flüssige Sahne (2 Becher)
6 Blatt Gelatine

Form:
Tortenring 26 cm ∅

Zubereitung

Alle Zutaten für den Hefeteig zusammenwiegen und in der Küchenmaschine zu einem Teig kneten. 30 Minuten abgedeckt ruhen lassen.
Ausrollen zu der Größe eines Tortenringes von 26 cm ∅. Auf ein mit Trennpapier belegtes Blech legen, den Tortenring darumstellen. Mit Wasser bestreichen und die Körner aufstreuen. Etwas gehen lassen und in den heißen Backofen schieben und kräftig ausbacken. Nach dem Auskühlen den Boden waagerecht durchschneiden. Das Unterteil auf eine Tortenplatte setzen und den Tortenring darum stellen.
Den Salat waschen, trockenschleudern und vorbereiten. Den Frisée und den Eissalat fein schneiden, Gurke halbieren und in dünne Scheiben schneiden, die Tomaten würfeln (Kerne ausdrücken), die rote und gelbe Paprika in Streifen schneiden. In einer Schüssel den Salat locker mischen.
Für die Sauce den Quark und das Olivenöl in einer Schüssel glattrühren, Essig und Zitronensaft zugeben, mit Salz und Pfeffer sowie Zucker abschmecken.
Die Sauce muß etwas kräftiger als eine normale Salatsauce abgeschmeckt werden. Den feingeschnittenen Schnittlauch darunterrühren. Die flüssige Sahne steif schlagen, die in Wasser eingeweichte Gelatine auflösen und unter die Sauce rühren. Die geschlagene Sahne mit dem Schneebesen darunterheben.
Salat und Sauce (die nun sehr cremig ist) gut vermischen und in den Tortenring einfüllen.
Das Oberteil des Bodens in 14, 16 oder 18 Stücke schneiden und auflegen. Die Salattorte muß ca. 6 Stunden vor dem Anschneiden gekühlt werden.
Die Salatsorten können je nach Jahreszeit variiert werden. Jeder Salat bzw. fast jede Sorte kann verwendet werden. Das Mengenverhältnis jedoch einhalten. Zu beachten ist, daß durch Chicorée und Radicchio ein leicht bitterer Geschmack entsteht.

Backzeit:

Elektro: 230° C abfallend auf 180° C
ca. 28 Minuten
Gas: 3—4 abfallend auf 2—3 ca. 28 Minuten

Lachstorte

Zutaten

Brandmasse:
1/4 l Milch, 60 g Butter, Prise Zucker
Prise Salz, 150 g Mehl, 5 Eier

Füllung:
0,3 l flüssige Sahne, 2 Blatt Gelatine
ca. 50 g Meerrettich, Prise Salz
150 g Preiselbeeren (aus dem Glas)
300 g Lachs, geräuchert

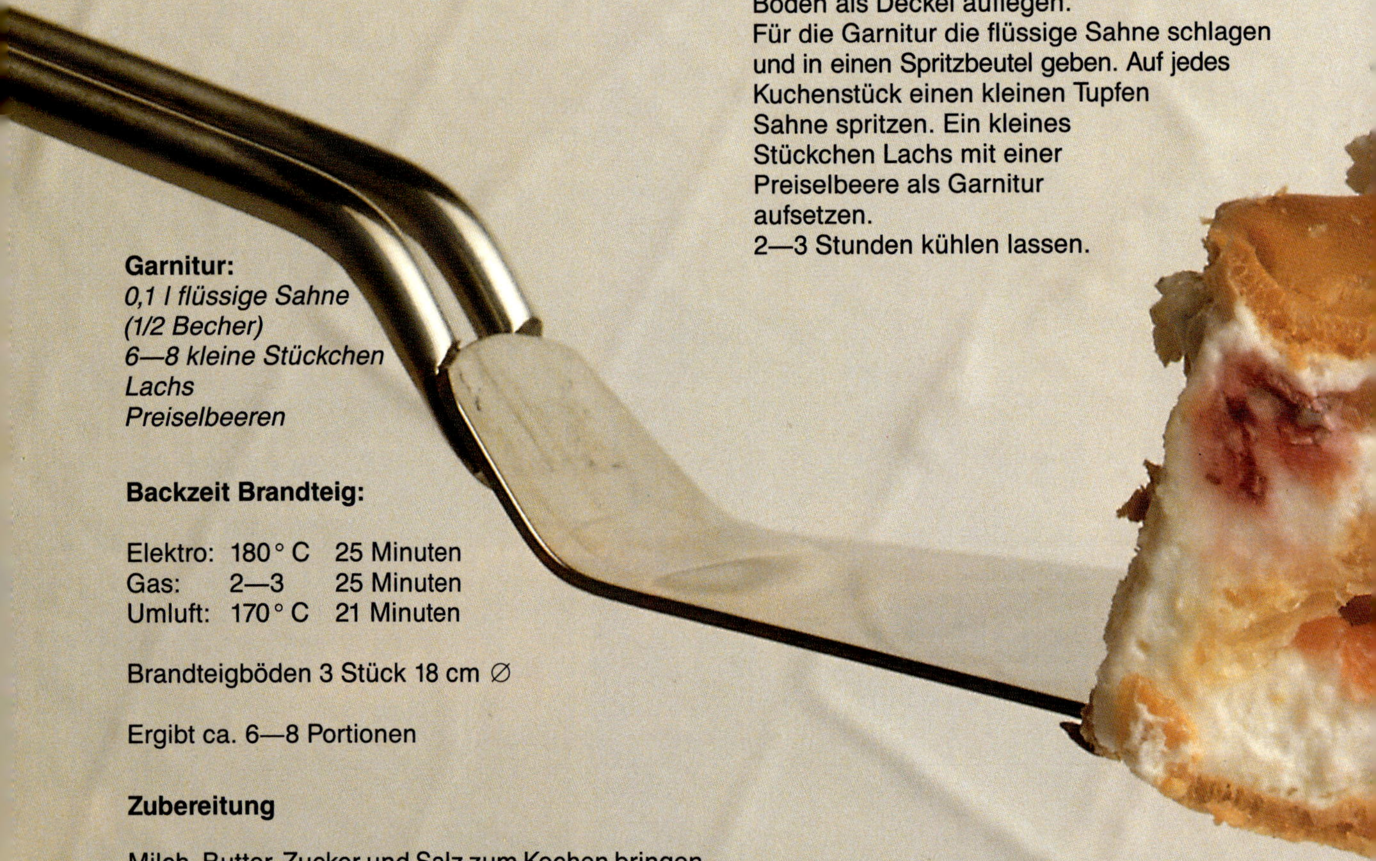

Garnitur:
0,1 l flüssige Sahne
(1/2 Becher)
6—8 kleine Stückchen
Lachs
Preiselbeeren

Backzeit Brandteig:

Elektro:	180 ° C	25 Minuten
Gas:	2—3	25 Minuten
Umluft:	170 ° C	21 Minuten

Brandteigböden 3 Stück 18 cm ∅

Ergibt ca. 6—8 Portionen

Zubereitung

Milch, Butter, Zucker und Salz zum Kochen bringen. Unter ständigem Rühren das Mehl zugeben und ca. 1 Minute abrösten.
Die abgeröstete Masse in eine frische Schüssel geben und auskühlen lassen.
Die Eier einzeln mit dem Kochlöffel unter die Masse rühren.
Die Masse auf 3 mit Trennpapier belegte Bleche verteilen.
Runde Böden von ca. 18 cm ∅ mit einem Löffel aufstreichen. In den vorgeheizten Ofen schieben und goldgelb backen.

Für die Füllung die Sahne schlagen, die eingeweichte Gelatine auflösen und darunterrühren. Die Sahne mit dem Meerrettich und einer Prise Salz kräftig abschmecken. Die Meerrettichmenge (fertig gekauft) richtet sich nach dem eigenen Geschmack. Die Gewichtsangabe soll deshalb nur ein Anhaltspunkt sein.
Einen Boden auf die Tortenplatte legen, die Hälfte der Meerrettichsahne daraufstreichen, die halbe Menge der Preiselbeeren mit dem Löffel auf der Sahne verteilen und etwas verstreichen. Den geräucherten, dünn geschnittenen Lachs darüberlegen. Auf den Lachs ein paar Tupfen Sahne streichen, da sonst der zweite Brandteigboden nicht hält. Mit der restlichen Meerrettichsahne, den Preiselbeeren und dem Lachs dasselbe wiederholen und den obersten Boden als Deckel auflegen.
Für die Garnitur die flüssige Sahne schlagen und in einen Spritzbeutel geben. Auf jedes Kuchenstück einen kleinen Tupfen Sahne spritzen. Ein kleines Stückchen Lachs mit einer Preiselbeere als Garnitur aufsetzen.
2—3 Stunden kühlen lassen.

Blätterteig

Zutaten

250 g Mehl, 0,12 l Wasser, 5 g Salz

Zum Einrollen:

250 g Butter

Zubereitung

Mehl, Wasser und Salz in eine Schüssel geben und mit den Knethaken der Küchenmaschine zu einem glatten Teig arbeiten. Mit einem Tuch abdecken und ca. 10 Minuten ruhen lassen.
Den Grundteig auf eine Größe von ca. 20 x 30 cm ausrollen. Die Butter in Scheiben schneiden, auf die Hälfte des Teiges legen und den anderen Teig darüberschlagen. Das Teigstück nun auf ca. 20 x 45 cm ausrollen und, wie der Fachmann sagt, einrollen oder eintouren: Die linke und die rechte Seite bis zur Mitte legen und nochmals zusammenklappen. Diesen Arbeitsvorgang noch zweimal wiederholen. Zwischendurch den Teig immer wieder einige Minuten im Kühlschrank ruhen lassen.
Der Kräuterbutter-Blätterteig wird genauso wie der normale Blätterteig eingerollt, jedoch wird zuvor die angegebene Kräuterbutter unter die Butter gearbeitet.
Wird der Blätterteig mit Kernen verarbeitet, den Teig beim letzten Eintouren auf den Kernen ausrollen. Die linke und rechte Seite zur Mitte legen und nochmals zusammenklappen.
Bei normalem Blätterteig sowie bei Kräuterbutter-Blätterteig nochmals auf 20 x 45 cm Größe ausrollen. Von links und rechts zur Mitte zusammenlegen, kurz ruhen lassen und verarbeiten.
Jeder Blätterteig kann problemlos — bevor er das letzte Mal eingerollt wird — auch über Nacht im Kühlschrank abgedeckt liegenbleiben.

1 Butter in Scheiben auf den Teig legen.

2 Die linke und rechte Seite zur Mitte legen.

3 Den Teig nochmals zusammenklappen.

4 Blätterteig mit Kernen.

Brandteig

Zutaten

0,15 l Wasser
0,07 l Milch
45 g Butter
1 Prise Salz
140 g Mehl
3 Eier
2 Eigelb

Zubereitung

Wasser, Milch, Butter und Salz zum Kochen bringen. Unter ständigem Rühren das Mehl zugeben und ca. eine Minute abrösten.
Die abgeröstete Masse in eine frische Schüssel geben und auskühlen lassen.
Die Eier einzeln mit dem Kochlöffel unter die Teigmasse rühren und, wie in den Rezepten angegeben, weiterverarbeiten.

1 Wasser, Milch, Butter und Salz aufkochen.

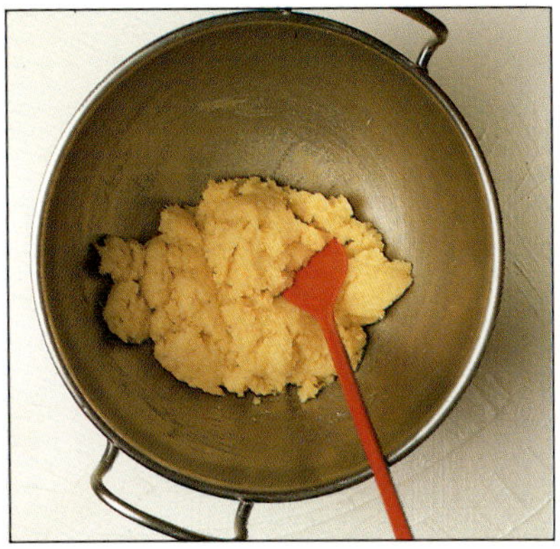

2 Ca. eine Minute abrösten.

3 Einzeln die Eier daruntergeben.

Käsegebäck

Zutaten

330 g Mehl
220 g Butter
10 g Salz
2 Umdrehungen frisch gemahlener Pfeffer aus der Mühle
80 g geriebener Käse
2 Eier
1 Messerspitze Backpulver

Zubereitung

Das Mehl auf der Arbeitsfläche zu einem Kranz formen. Alle restlichen Zutaten in die Mitte geben und zu einem Teig kneten. (Oder alle Zutaten in eine Backschüssel geben und mit den Knethaken der Küchenmaschine zu einem Teig arbeiten.).
Den Teig abgedeckt ca. 1 Stunde kühlstellen.

1 Einen Mehlkranz bilden.

2 Alles zu einem Teig kneten.

3 Oder alle Zutaten in eine Schüssel geben und mit dem Knethaken zu einem Teig arbeiten.

Hefeteig — Briocheteig

Zutaten

250 g Mehl
30 g Frischhefe
2 Eier
1 Prise Salz
1 Prise Zucker
0,02 l Milch
100 g Butter

Zubereitung

Alle Zutaten — außer der Butter — in eine Schüssel geben. Mit den Knethaken der Küchenmaschine kräftig durcharbeiten. Die zimmertemperierte Butter zugeben und solange kneten, bis der Teig ganz glatt ist. Mit einem Tuch abdecken und in den Kühlschrank stellen. Nach ca. 30 Minuten den Teig, wie in den Rezepten beschrieben, weiterverarbeiten.

1 Alle Zutaten — außer Butter — in einer Schüssel zu einem Teig arbeiten.

2 Butter dazugeben.

1 Butter auf den Teig legen und dann zusammenlegen.

2 Die rechte Seite zu 2/3 über den Teig schlagen.

3 Die linke Seite darüberlegen.

Hefe-Blätterteig

Zutaten

560 g Mehl
12 g Salz
20 g Frischhefe
20 g Backmalz
0,33 l Wasser

Zum Einrollen:

375 g Butter

Zubereitung

Alle Zutaten in eine Schüssel geben und mit den Knethaken der Küchenmaschine zu einem glatten Teig arbeiten. Mit einem Tuch abdecken und ca. 30 Minuten in den Kühlschrank stellen.

Den Teig zu einem Rechteck von ca. 30 x 40 cm ausrollen. Die Butter in Scheiben schneiden. Diese auf die Hälfte des Teiges legen und die andere Hälfte darüberschlagen. Den Teig gut mehlen und vorsichtig zu einer Größe von ca. 30 x 50 cm ausrollen.
Die rechte Seite zu zwei Dritteln über den Teig schlagen, die linke Seite darüberlegen — so entstehen drei übereinanderliegende Lagen. Man bezeichnet das Zusammenlegen als einfache Tour.
Das Zusammenlegen noch zweimal wiederholen, jeweils nach einer kurzen Ruhepause im Kühlschrank.
Den Teig, wie in den Rezepten beschrieben, entsprechend weiterverarbeiten.

Weißbrot

Zutaten

0,48 l Wasser
25 g Frischhefe
20 g Salz
25 g Backmalz
850 g Mehl

Die Zutaten ergeben 1400 g Teig.

Zubereitung

Das Wasser in einer Schüssel leicht erwärmen. Die Hefe darin auflösen. Salz, Malz und Mehl zugeben und alle Zutaten mit den Knethaken der Küchenmaschine zu einem glatten Teig kneten.
Diesen abgedeckt ca. 30 Minuten, in der kalten Jahreszeit ca. 45 Minuten, ruhen lassen, bis er etwas gegangen ist.

1 Alle Zutaten zusammenarbeiten.

2 Den Teig abgedeckt ruhen lassen.

Dunkler Brötchenteig

1 Alle Zutaten zusammenwiegen.

2 Die Körner mit der Teigmaschine darunterarbeiten.

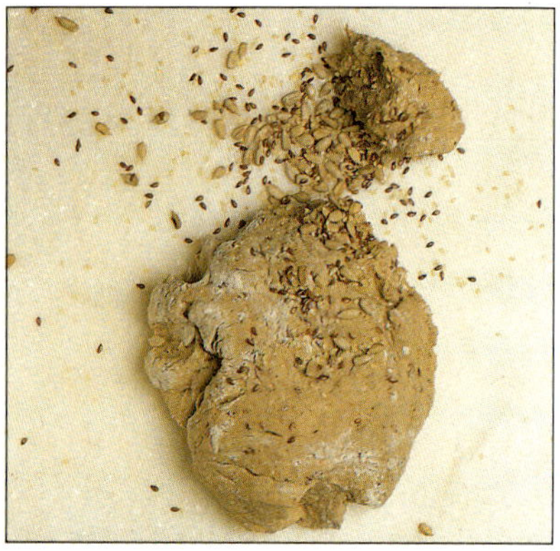

3 Oder von Hand auf der Arbeitsfläche darunterarbeiten.

Zutaten

Knapp 1/4 l Wasser
20 g Frischhefe
10 g Salz
15 g Backmalz
325 g Weizenmehl Type 405
100 g Roggenschrot

Die Zutaten ergeben ca. 700 g Teig.

Zubereitung

Das Wasser in einer Schüssel leicht erwärmen. Die Hefe darin auflösen, Salz, Malz, Weizenmehl und Roggenschrot zugeben und alle Zutaten mit den Knethaken der Küchenmaschine zu einem glatten Teig arbeiten.
Diesen abdecken und ca. 30 Minuten ruhen lassen. In der kalten Jahreszeit muß der Teig ca. 1 Stunde ruhen, bis er etwas gegangen ist.
Bei verschiedenen Rezepten, z. B. Kastenbrot mit Kernen, Brotlaib, Knoblauchkranz mit Kernen etc. werden, Körner bzw. Kerne in den Teig eingearbeitet. Problemlos geht dies mit Hilfe der Küchenmaschine. Oder die Kerne werden von Hand auf der Arbeitsplatte unter den Teig geknetet.

Strudelteig

Zutaten

250 g Mehl
0,08 l Wasser
1 Eßlöffel Olivenöl
20 g Butter
1 Ei
1 Prise Salz

Zubereitung

Das Mehl zu einem Kranz formen, alle anderen Zutaten in die Mitte geben. Zuerst etwas verrühren, dann auf der Arbeitsplatte zu einem glatten Teig kneten.

Der Strudelteig kann auch mit der Küchenmaschine hergestellt werden: Dazu alle Zutaten in eine Schüssel geben und mit den Knethaken zu einem glatten Teig arbeiten.
Den Teig mit einem Tuch abdecken und mindestens 1 Stunde ruhen lassen.

1 Strudelteig ausrollen, auf die gewünschte Größe ziehen und auf ein Küchentuch legen.

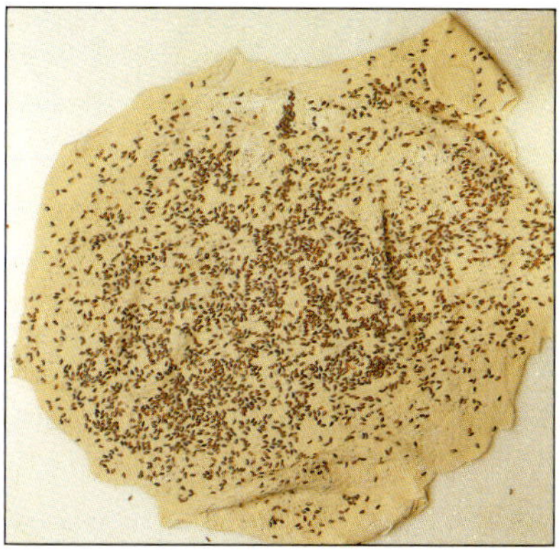

2 Teig mit Kernen ausrollen und auf die gewünschte Größe ziehen. Anschließend auf ein Tuch legen.

3 Das Gemüse mit Abstand zum Rand auf den Teig legen und diesen zusammenrollen.

Wähen und Gemüsekuchen

Zutaten

250 g Mehl
125 g Butter
0,06 l Milch
2 Eigelb
5 g Salz
etwas frisch gemahlener Pfeffer aus der Mühle

Zubereitung

Mehl und Butter zwischen den Handflächen zu Streuseln verreiben und auf der Arbeitsplatte zu einem Kranz formen. Milch, Eigelbe, Salz und Pfeffer dazugeben und alles zu einem glatten Teig verarbeiten.

Ca. 30 Minuten abgedeckt ruhen lassen, dann ausrollen und weiterverarbeiten.

1 Butter und Mehl zu Streuseln verreiben.

2 Die Form mit dem Teig auslegen.

Rezepte von A bis Z

Vom selben Autor ist erschienen:

Karl Neef
52 Sonntagskuchen

Konditorrezepte zum Selbermachen. Einer der kreativsten Konditoren präsentiert die schönsten Kuchen und Torten rund ums Jahr. Rund 200 meisterhafte Schritt- für Schritt-Fotos zeigen ganz genau, wie's gemacht wird. Alle Rezepte im Haushalt getestet! 120 Farbseiten, wischfester Glanzeinband.

Hans Peter Bleuel
Raffiniertes aus Einem Topf

Außergewöhnliches servieren und trotzdem Zeit haben für Plaudereien im Gästekreis. Aufläufe, Gratins, Suppen, Salate, Eintöpfe, Fondues, Pastas und Pasteten. Internationale Rezepte, die nicht jeder kennt. 157 Seiten mit 30 Farbtafeln, Geschenkband mit Schutzumschlag.

Christina Kleiner-Röhr
Gesunde Genüsse – schnell und fein

Festliche Gerichte, Kniffe und rationeller Geräteeinsatz in der Vollwertküche.
151 Seiten mit 30 Farbtafeln, Geschenkband mit Schutzumschlag.

HÄDECKE VERLAG · 7252 WEIL DER STADT